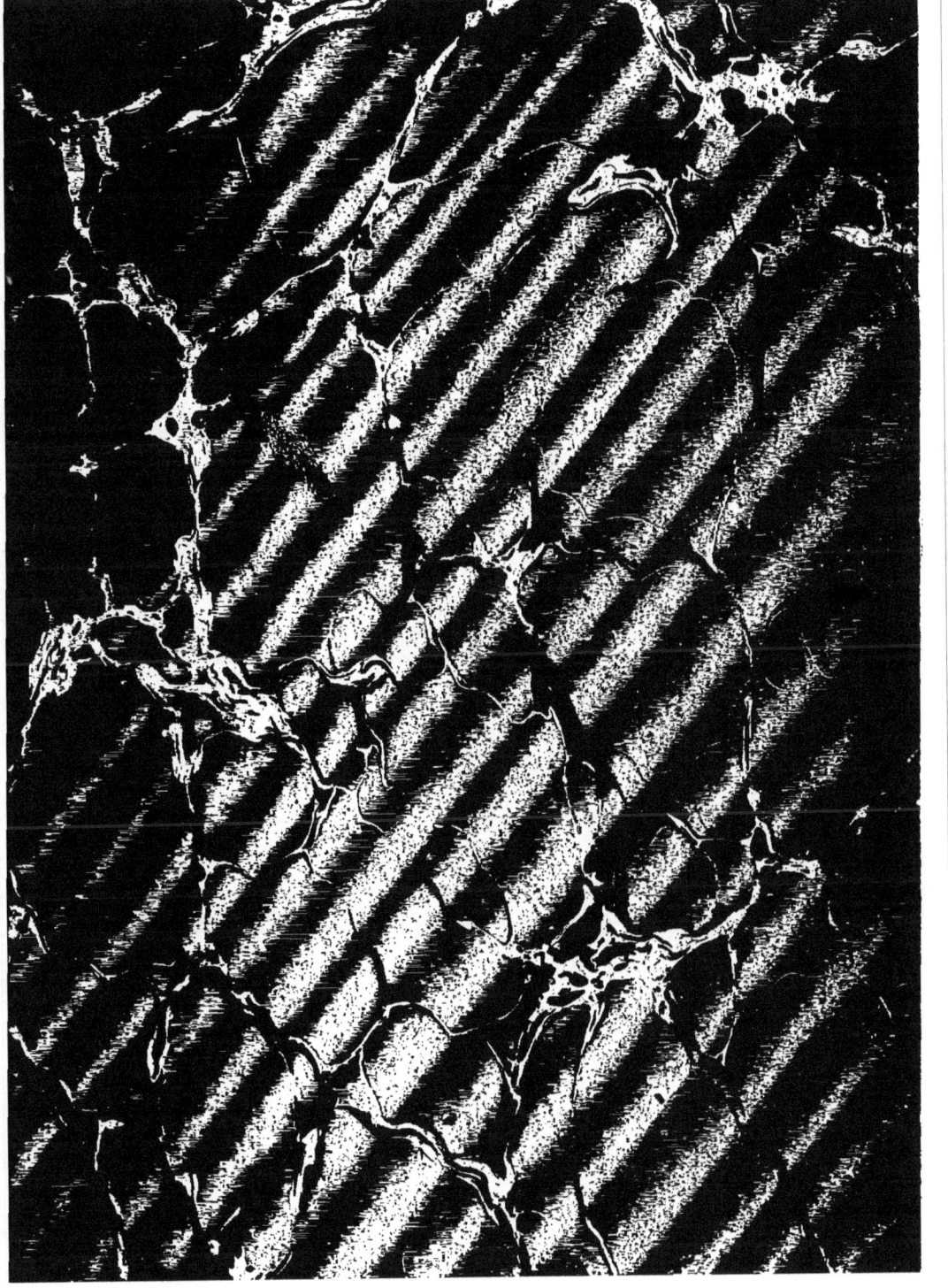

MÉMOIRES

MILITAIRES

DU BARON SERUZIER

COLONEL D'ARTILLERIE LÉGÈRE

(1769 — 1823)

Mis en ordre et rédigés par son ami

LE MIERE DE CORVEY

OFFICIER-SUPÉRIEUR

Réimpression textuelle illustrée

PARIS
LIBRAIRIE MILITAIRE DE L. BAUDOIN
IMPRIMEUR-ÉDITEUR
30, Rue et Passage Dauphine, 30

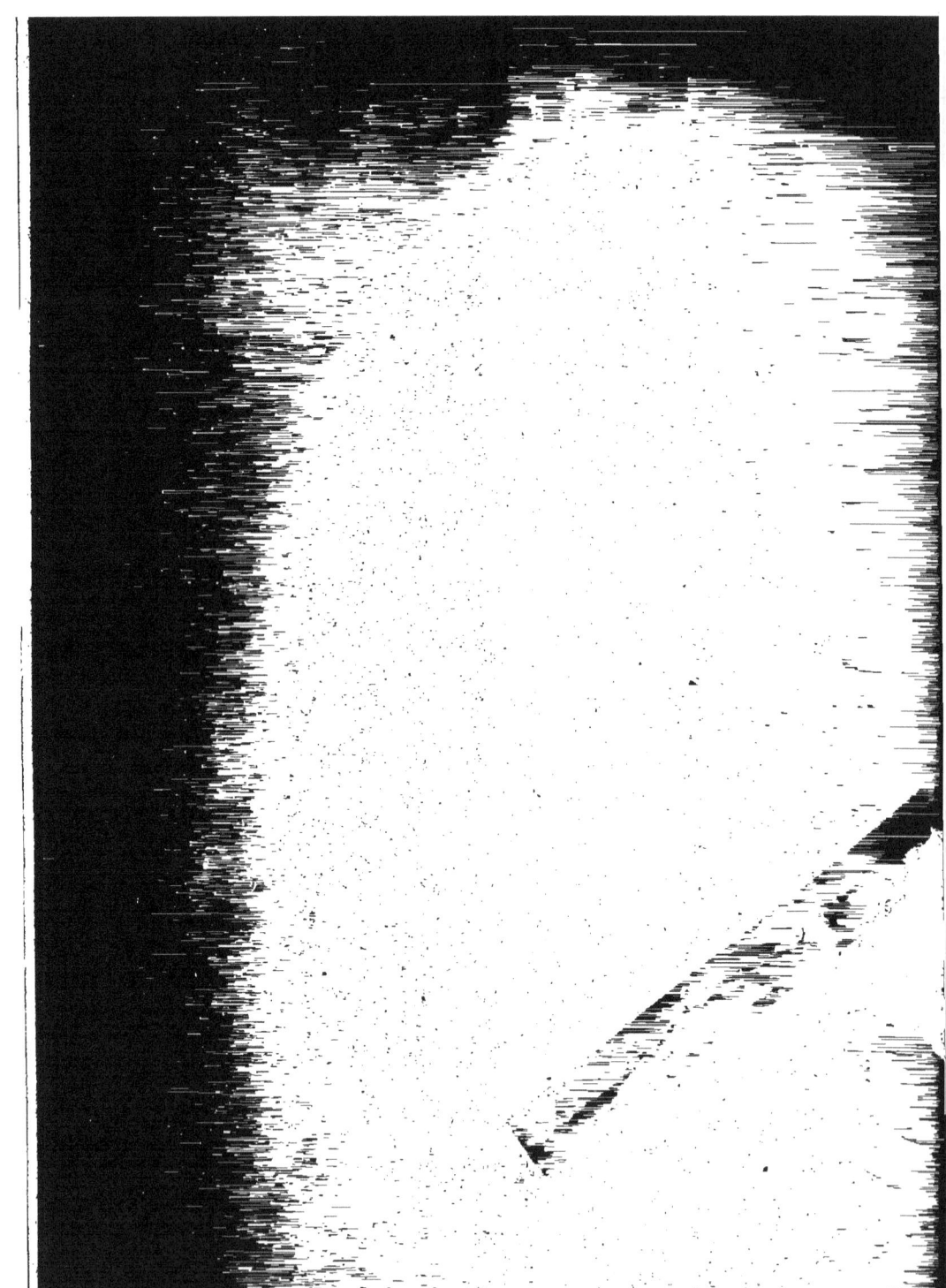

MÉMOIRES

MILITAIRES

DU BARON SERUZIER

COLONEL D'ARTILLERIE LÉGÈRE

MÉMOIRES

MILITAIRES

DU BARON SERUZIER

COLONEL D'ARTILLERIE LÉGÈRE

Mis en ordre et rédigés par son ami

LE MIERE DE CORVEY

OFFICIER SUPÉRIEUR

Réimpression textuelle illustrée

PARIS

LIBRAIRIE MILITAIRE DE L. BAUDOIN

IMPRIMEUR-ÉDITEUR

30, Rue et Passage Dauphine, 30

AVANT-PROPOS

DE L'ÉDITEUR

Ces Mémoires n'étaient pas destinés à voir le jour : le colonel Seruzier, mon ami et mon compagnon d'armes, voyant l'acharnement de ses dénonciateurs lors de son arrestation en 1817, et les manœuvres perfides qu'ils employaient pour l'englober dans une conspiration, dont il n'avait pas même la moindre idée, crut qu'il était de son devoir, dans le cas où il eût succombé sous les efforts de la calomnie, de laisser à ses enfants quelques souvenirs honorables, et l'exemple de leur père, connu de toute l'armée par des actions brillantes, et par les circonstances extraordinaires où il s'était trouvé. Ce fut dans cette intention qu'il employa les moments pénibles de sa réclusion, à écrire quelques notes sur ses campagnes; tous ses papiers lui avaient été enlevés, et il ne lui restait aucune pièce pour le guider dans ce travail, qu'il se trouva forcé de faire totalement de mémoire. Il fut acquitté le 12 avril 1818, de la manière la plus honorable, et me fit part alors, ainsi qu'à plusieurs militaires qui avaient servi avec lui, des Mémoires qu'il avait écrits dans sa prison. Nous l'engageâmes à les faire paraître, en les revoyant avec soin pour rectifier les dates. Cette publication ne pouvant rien ajouter à la célébrité du colonel Seruzier, ce ne fut point par un vain motif d'amour-propre qu'il y consentit, mais seulement pour répondre aux pressantes sollicitations de ses amis, qui lui firent envisager qu'il rendrait un service essentiel aux jeunes militaires qui servent dans l'artillerie, en leur offrant les détails des diverses actions qui ont honoré la belle carrière qu'il a parcourue dans cette arme, pendant toutes les guerres de la Révolution.

Se rendre utile à nos jeunes guerriers, leur rappeler de glorieuses époques, était un délassement digne du colonel Seruzier; cette idée le détermina donc à rendre cet ouvrage public, et il me choisit pour y faire les changements nécessaires, rectifier les dates, en un mot il me donna *carte blanche* pour faire (d'après ses notes) un ouvrage suivi, depuis son entrée au service, jusqu'au moment où il fut mis en retraite. J'acceptai avec reconnaissance ce travail agréable, car le choix du colonel ne pouvait qu'honorer celui qu'il chargeait ainsi de toute sa confiance; et d'ailleurs, ayant fait avec lui presque toutes les campagnes d'Allemagne dans le même corps d'armée, j'étais plus à même qu'un autre de réparer les erreurs de dates, ou quelques détails qui auraient pu lui échapper.

Je préviens le lecteur que j'ai dû faire de grands développements, soit dans mes notes, soit dans les récits, car le manuscrit du colonel ne contenait que 40 pages; mais, je n'ai rien altéré ni changé : peut-être ai-je été obligé d'affaiblir quelques peintures et quelques expressions un peu trop mâles; mais j'ai conservé tout l'ensemble, tous les détails essentiels, et même j'ai cru devoir citer souvent ses propres paroles. Il y a quelquefois tant d'énergie, de noblesse et d'élévation d'âme dans une pensée, que ce serait, suivant moi, une susceptibilité déplacée de se montrer trop sévère en fait de style. Quand une phrase adressée à propos au soldat réveille son courage, et le précipite en vainqueur sur l'ennemi, cette phrase est toujours bien française.

Une des locutions du colonel, que j'aurais désiré changer, était l'emploi trop fréquent des pronoms possessifs, comme : *mon artillerie*, *mes canonniers*, *ma troupe*, etc..... Mais, comme c'est une habitude à l'armée, et qu'un capitaine de grenadiers, par exemple, ne dit pas *les grenadiers de la compagnie que je commande*, mais bien *mes grenadiers*, je me suis décidé à les laisser, pour conserver, autant que possible, la couleur que le colonel avait adoptée dès le commencement de sa narration.

J'ai cru devoir diviser ces Mémoires en chapitres, parce que l'attention du lecteur doit être reposée souvent, dans un ouvrage rempli de faits militaires, et de détails souvent arides. J'ai toujours fait aussi parler le colonel : cette manière est assez généralement adoptée dans les ouvrages de ce genre, en ce qu'elle donne plus de vivacité aux narrations ; enfin, j'ai fait mes efforts pour ne point diminuer le vif intérêt que doit enfin inspirer le récit des faits militaires du colonel, qui se lient nécessairement à la gloire de nos armées ; puisse le lecteur juger que j'ai réussi !

Le Miere de Corvey.

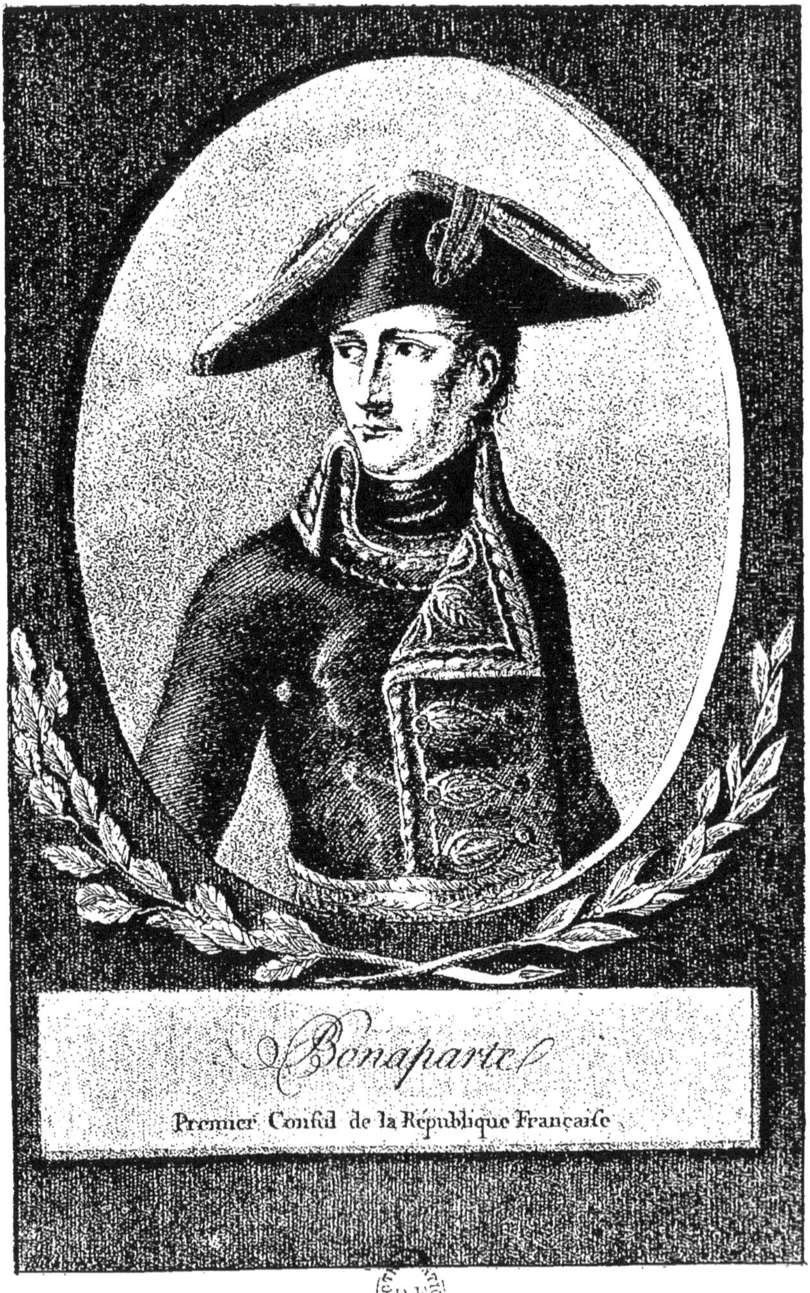

Bonaparte
Premier Consul de la République Française

MÉMOIRES
MILITAIRES
DU BARON SERUZIER

COLONEL D'ARTILLERIE LÉGÈRE

CHAPITRE PREMIER.

Mon entrée dans l'état militaire. — Coup d'œil rapide jusqu'à ma promotion au grade de capitaine.

Je suis né le 22 mars 1769, à Charmes, département de l'Aisne. Mon père, ancien militaire retiré, s'était fait laboureur, et cultivait dans ce village une petite propriété qui suffisait amplement à ses besoins. Il me parlait souvent dans ma jeunesse de ses campagnes pendant les guerres d'Hanovre, et ses récits, qui enflammaient mon imagination, me donnèrent, dès l'âge de quatorze ans, un désir très vif d'entrer dans la carrière des armes; ma vocation paraissait décidée, mon père m'accorda son consentement. Quoique fort jeune, j'avais une taille avantageuse, et l'espoir de grandir encore, je fus admis dans le régiment de *Colonel-Général*, dragons. J'entrai au service dans ce corps, le 11 mars 1783, et quittai la maison paternelle à quatre heures du matin, pour éviter les obstacles que la tendresse de ma mère aurait mis à mon départ.

Après cinq ans de service, sans avoir rien fait qui méritât l'attention de mes chefs, parce que je crois que je ne servais pas alors dans l'arme à laquelle j'étais véritablement propre, ma mère, désolée de me voir toujours simple dragon, obtint de mon père qu'il achetât mon congé. Je revins donc dans ma famille le 3 mars 1788; et comme on avait deviné que l'activité de ma tête ne me permettrait pas de me fixer dans mon pays, on avait résolu de me marier.

Tout était arrangé d'avance ; il n'y avait plus qu'à signer le contrat, et la future était très jolie. Mais ces préparatifs que j'avais ignorés, ce lien que je n'avais pas prévu et que j'allais contracter sans y avoir consenti, me donnèrent subitement une telle aversion pour la vie sédentaire dans laquelle j'allais rentrer, que je refusai net la proposition matrimoniale et tous les avantages qui devaient en résulter. Ma réponse négative indisposa tous mes parents, réunis pour la cérémonie. « Qu'il prenne une femme, ou nous l'aban-
« donnons ! » s'écrièrent-ils. Je vis bien que j'allais me trouver en guerre ouverte, ou qu'il fallait céder. Je prends sur-le-champ mon parti : « Eh bien ! (leur dis-je), vous
« voulez que je me marie ; je me marierai,
« mais à mon gré ! »

Je sors aussitôt, j'achète la plus grande cocarde qu'on ait jamais attachée à un chapeau ; je reviens, et, m'adressant à mes parents, inquiets de ma disparition subite, je dis en montrant cette cocarde : « Voilà la
« femme que je veux, et jamais il n'y aura
« de divorce entre nous ! Adieu, mon père ;
« adieu, ma mère. »

La future s'enfuit avec ses parents; ma mère se trouve mal, et, mon père, irrité, s'écrie : « Malheureux! sors d'ici, et ne repasse « jamais *le seuil de cette porte!* » Je vous jure (lui dis-je, du même ton) de ne point repasser *le seuil de cette porte*..... sans votre consentement; mais permettez-moi de vous écrire une fois chaque année.

Mon père ne me répondit rien : comme je connaissais la sévérité de son caractère, je sentis que ma justification ne serait pas écoutée, et je partis très affecté; mais je jurai, dans mon âme, de mourir au champ d'honneur, ou de mériter par ma bonne conduite que mon père rappelât un jour près de lui le fils qu'il bannissait ainsi de sa présence.

Le même soir j'entrai dans le corps royal d'artillerie, au régiment de *Toul*. Je fus dirigé sur Metz, où j'arrivai le 11 mars, ce qui fait que je n'ai que neuf jours d'interruption dans mon service militaire (interruption qui ne compte pas). Depuis lors je ne quittai plus l'artillerie, service pour lequel on crut me reconnaître bientôt une aptitude évidente.

Je me flatte d'avoir justifié de plus en plus la confiance que j'inspirai. D'abord simple soldat, j'ai passé par tous les grades jusqu'à celui de colonel. Fait officier *au choix* en 1793, tous les autres grades, titres et récompenses me furent décernés au champ d'honneur; j'ai fait toutes les campagnes de la république et de l'empire, et je me glorifie d'avoir servi *trente-trois ans et demi*, sans avoir été puni ou réprimandé une seule fois pour aucune infraction à la discipline militaire; et j'ose ajouter que je ne l'ai jamais mérité. Ce que je dis, et qui ferait l'éloge de quelques personnes, n'est pas cité ici pour faire le mien, car j'envisageais avec tant de satisfaction mon état, j'y voyais des moyens d'exécution si grands, et de si belles choses à faire, que je ne concevais pas l'idée de m'écarter volontairement d'aucun de mes devoirs devenus des plaisirs pour moi.

Je n'entrerai dans aucun détail sur les premiers combats où je me suis trouvé; qu'aurais-je à dire? j'obéissais, et je n'ai pu prendre qu'une part très faible à ces différentes actions. Je n'y montrai que du courage et du sang-froid, chose naturelle à tous nos soldats : je ne daterai donc ma vie militaire que de l'époque où j'ai commandé, comme capitaine au moins, une compagnie d'artillerie légère, parce que de ce moment j'eus des occasions fréquentes d'agir seul, et que je pus juger de ce que je faisais. Je dois ajouter que je ne rapporterai pas un très grand nombre d'engagements où je n'ai fait que suivre les mouvements de l'armée, et où par conséquent je n'eus que ma part de danger, sans nul mérite de combinaison; enfin, dans ces Mémoires je m'applique à ne citer *avec détail* que les affaires dont j'ai dirigé ou ménagé les résultats, et les cas où j'ai hasardé avec succès des manœuvres qui n'avaient point encore été essayées. Si jamais je publiais ces notes (qui me sont chères à plus d'un titre), j'avoue que la principale considération qui pourrait m'y déterminer, serait l'envie d'offrir quelques bons exemples aux jeunes élèves d'artillerie, à qui je me ferais un devoir comme un plaisir de dédier les souvenirs de ma longue et honorable carrière.

Un de mes amis me fit observer que je courais le risque, en publiant mes Mémoires, d'apprendre aux ennemis de la France à faire usage contre nous des moyens employés par moi et mes officiers. Je lui répondis que j'étais loin de partager cette crainte : en effet, les détails que je donne ne sont point des choses que l'on puisse imiter, parce que les circonstances sont rarement les mêmes ; mais on verra, par ce que j'ai eu l'occasion de faire, qu'un officier d'artillerie qui a le génie de son arme, est en état, par la rapidité de ses combinaisons inspirées par le moment, de produire des effets qui passent toute espérance : de plus, le Français seul est susceptible, par son caractère et l'impétuosité de son attaque, d'imaginer et d'exécuter des mouvements semblables ou équivalents à ceux dont je ferai le récit; et sans recommander à un jeune capitaine de s'écarter des routes frayées par l'expérience, j'affirme que, dans une situation douteuse ou désespérée, un officier français d'artillerie, conduisant des troupes de cette nation, peut tout oser, avec l'espoir presque certain de réussir. Il n'est aucun peuple de l'Europe duquel on en puisse dire autant avec la même certitude.

Avant de raconter ma première affaire, j'arrête avec plaisir mon souvenir sur un événement heureux qui la précéda. J'ai dit que mon père m'avait laissé partir contre son gré, et chargé en quelque sorte du poids de sa colère ; cette idée me poursuivait sans cesse, et je ne jouissais d'aucun plaisir depuis ce temps : j'avais lieu cependant d'être satisfait de mon sort ; après avoir passé par tous les grades subalternes, j'avais été nommé lieutenant le 2 messidor an II, et le 4 messidor an IV (deux ans après) j'avais reçu le grade de capitaine.

Chaque fois que j'obtenais de l'avancement, j'en faisais part à mon père dans la lettre qu'il m'avait permis (tacitement) de lui adresser au premier jour de l'année ; mais j'avais le chagrin de ne recevoir aucune réponse : je commençais à croire qu'il ne me pardonnerait jamais ; cette pensée empoisonnait tout mon bonheur présent, et me rendait presque indifférent sur mon sort à venir, lorsqu'un jour (le 14 messidor an IV), me trouvant dans le pays de Juliers, à la tête des compagnies de guerre du 7ᵉ régiment d'artillerie à cheval (1), cantonnées dans les environs d'Aldenhowen, un de mes maréchaux des logis vint m'avertir qu'un *citoyen*, conduisant un cheval par la bride, demandait le capitaine Seruzier. Je le fais prier d'entrer. Qu'on juge de ma surprise et de ma joie! c'était mon père. Il s'arrêta une minute à me considérer au milieu de mes sous-officiers, avec lesquels j'achevais de régler la comptabilité des différentes compagnies ; puis il me dit : « C'est bien ; j'aime « à voir qu'on s'occupe ». En reconnaissant sa voix je me levai rapidement, et fis trois pas pour aller l'embrasser ; puis, songeant à la défense qu'il m'avait faite lors de mon départ, je lui dis avec une vive émotion : « Mon père,

(1) Il est à remarquer que le colonel Seruzier obtint une telle confiance de la part de tous les généraux de division auxquels il fut attaché, qu'il eut presque toujours, dans les différentes affaires où il s'est trouvé, beaucoup plus de monde à commander que son grade ne semblait lui en accorder : ici il était adjudant-major et capitaine de première classe; en cette qualité il commandait les compagnies de guerre du 7ᵉ régiment d'artillerie à cheval, en l'absence des officiers supérieurs.

(*Note de l'Éditeur.*)

« *et le seuil de la porte!....* » « Va (répondit-il
« en se jetant dans mes bras); je le ferais
« plutôt arracher pour te rendre son passage
« plus libre. »

Je voulus faire dîner mon père avec tous
mes officiers, que j'invitai pour lui faire honneur. Lorsqu'il fallut se mettre à table, ce
bon vieillard me dit en riant : « **J'étais jadis**
« **bon fantassin, mais je n'ai jamais été bon**
« **cavalier**; or, je viens de faire cent lieues
« en poste, à toutes selles, pour te visiter;
« cela fait qu'il m'est impossible de m'as-
« seoir ». Alors je le fis placer entre deux
chaises. Ce dîner est le meilleur que j'aie fait
de ma vie; je n'ai jamais été plus heureux,
ni aussi glorieux, bien que je me sois trouvé
plus tard à table (comme on le verra par la
suite) avec des princes souverains, à qui j'avais
appris qu'un homme en valait un autre.

Pendant le repas, mon père dit à mes camarades : « Tant que mon fils a été dans les
« grades inférieurs, même lorsqu'il a été
« lieutenant et adjudant-major, je n'ai pas
« voulu le voir; mais, apprenant que le gou-
« vernement lui confiait *des hommes* et *des*
« *pièces*, avec le pouvoir de les guider comme

« capitaine, j'ai jugé que je ne pouvais plus
« refuser ma confiance à un homme à qui
« l'État donnait la sienne. Alors (ajouta-t-il en
« me regardant) je suis venu le visiter, parce
« que je savais bien qu'il n'aurait jamais osé
« enfreindre mes ordres ».

Dans ce moment je reçois un paquet cacheté. On m'ordonnait de passer le Rhin, et d'attaquer subitement l'ennemi. Je me lève, feignant d'aller passer une revue, afin de ne pas troubler la joie de mon père.

Laissant donc le commandement du dépôt au capitaine Cabrié, je défile avec mes compagnies de guerre, j'embrasse mon père et je pars. Trois heures après ce bon vieillard entend le bruit du canon, et s'écrie avec transport en parlant à l'officier qui était près de lui : « Ah! voilà la revue où mon fils allait. Je
« suis bien heureux de l'avoir embrassé, et
« d'être arrivé quatre heures auparavant ».

Depuis lors je n'eus le bonheur de le serrer dans mes bras qu'à l'époque de la mort du général Hoche, en me rendant au camp de Soissons. Je pris à mon tour la poste pour aller passer vingt-quatre heures avec lui et ma mère, et je crus devoir y aller à cheval, comme il l'avait fait en venant me voir, bien que j'eusse alors la possibilité de m'y rendre dans une bonne voiture.

Si ces Mémoires paraissaient jamais, on me pardonnerait, je l'espère, de m'être arrêté quelques instants à retracer cette scène.

Il est des gens qui font leur généalogie avec grand soin ; moi je me contente de dire un mot de l'homme vertueux à qui je dois le jour et les principes d'honneur qui m'ont servi à parcourir noblement ma carrière. Nous aimons à rapporter ce qui est à notre avantage, et moi je suis aussi fier de mon père, ancien militaire et honnête laboureur, que ce bon père l'a été de son fils devenu par la suite colonel et baron.

CHAPITRE II

Campagnes de l'an V, l'an VI et l'an VII.

La première bataille où je crois avoir fait quelque chose de remarquable eut lieu le 5 germinal an v; j'étais sous les ordres du général Hoche, qui venait d'achever ses dispositions pour passer le Rhin à Neuwied.

Je me trouvais dans l'île de ce fleuve, entre Neuwied même et Wittertour; il fallait pour effectuer le passage enlever de vive force les redoutes que les Autrichiens avaient établies en face de notre pont, et l'on me commanda pour faire tête de colonne, avec injonction d'approcher l'ennemi autant que possible.

Je partis à l'instant avec ma seule compagnie d'artillerie; à peine avais-je parcouru la moitié du pont, que je reconnus, par la position et la grandeur des ouvrages garnis de fossés, non seulement qu'il était impossible de les prendre de vive force, mais que j'allais sacrifier inutilement mes pièces et mes hommes en les mettant en batterie devant le front des redoutes, suivant mes instructions.

Cette idée affligeante me frappait d'autant plus qu'il n'y avait plus moyen de rétrograder, car plusieurs bataillons étaient engagés sur ce pont, en colonne serrée, derrière moi.

Dans cette situation critique, je conçus un projet hardi, dont il me sembla que l'exécution n'était pas impossible. Nous débouchions sur le rivage; tout à coup, au lieu de me mettre en ligne, je forme au galop mes sections, et, sans tirer, je m'élance rapidement entre les redoutes; je poursuis ma course, et me place en batterie derrière elles; j'ordonne le feu, dirigeant mes pièces à mitraille sur les gorges ouvertes du retranchement où l'ennemi n'a rien à m'opposer. Foudroyés au milieu de leurs points fortifiés, les Autrichiens voient encore sauter leurs magasins à poudre par l'effet de mes obus : alors, profitant de leur désordre, je commande la charge, et je pénètre au milieu des redoutes avec mes pièces. Je fus soutenu par

BATAILLE DE NEUWIED.

Gagnée par le Général Hoche (Avril 1797 (Floréal An 5))

nos carabiniers et par le brave 4ᵉ régiment de hussards.

Pendant que j'enlevais heureusement ces positions, que l'on n'avait pas cru si formidables à beaucoup près, une partie de l'armée avait eu le temps d'effectuer son passage sans que les Autrichiens, surpris et déconcertés, eussent le pouvoir de l'inquiéter un seul moment.

La hardiesse du projet, et la présence d'esprit du soldat en exécutant les mouvements imprévus que j'osai tenter de mon chef dans cette belle journée, furent la cause unique du succès de l'action. Dès que nous pûmes nous reconnaître, je me mis à poursuivre l'ennemi avec le régiment de cavalerie qui m'avait aidé; nous le menâmes battant cinq lieues plus loin que Neuwied, jusqu'à Montabour et Tindorf. Il était si fort en désordre que le 6 notre armée se porta en avant, et parvint jusque dans le Westerwald et la Franconie (1).

(1) Le quartier général fut porté à Weislar, ville où mourut le général Hoche, si célèbre dans les guerres de la liberté.

Je ne décrirai point la suite des événements de cette campagne ; je n'eus pas l'occasion de m'y faire remarquer.

J'assistais, en l'an vi, au blocus de la forteresse d'Ehrenbreitstein ; je fus témoin de sa démolition, après avoir contribué de tous mes efforts à sa prise.

En l'an vii, rien de remarquable pour moi. — Je fis la campagne sous le général en chef Jourdan. — L'armée française, après avoir repassé le Rhin à Mayence, vint le repasser à Strasbourg, et marcha sur Stockach. — Bataille de ce nom, etc., etc. — Retraite enfin jusqu'en Alsace. — Entrée dans la Suisse par Bâle. Événements connus, racontés dans plusieurs relations, et qui ne doivent pas tenir une place dans des Mémoires particuliers, et surtout dans une relation de la nature de celle-ci, où je ne veux raconter que les affaires militaires où j'ai eu le bonheur de me distinguer.

A la fin d'avril je reçus l'ordre de quitter l'armée d'Helvétie pour me rendre à Toulon. J'étais appelé à faire partie de l'expédition d'Égypte.

Je dirai peu de chose de mon séjour en

ces contrées; le courage individuel des habitants serait admirable s'il ne tenait pas toujours de la fureur; mais leur indiscipline, ou, pour mieux dire, leur défaut d'instruction militaire les empêchant de mettre aucun ensemble dans l'attaque ou la défense, ils n'ont jamais réellement résisté à nos soldats, et n'ont jamais pu nous inquiéter qu'en nous donnant la crainte de quelque trahison, ou celle de succomber de lassitude à force de les exterminer.

L'infanterie française a eu la gloire principale dans l'expédition d'Égypte; et n'ayant jamais eu de véritables obstacles à vaincre en plaine contre de l'artillerie, je n'ai rien à dire pour mon compte de cette campagne, dont cependant je retirai un grand fruit par mes observations sur la manière dont le général en chef Bonaparte fit cette guerre : j'y vis l'infanterie française bouleverser et détruire des masses énormes de Turcs avec un petit nombre de soldats; elle dut ses succès à d'habiles manœuvres, et je me promis bien d'en faire usage, et de les imiter avec mon arme, si jamais j'en trouvais l'occasion, contre des troupes européennes.

On verra plus tard que cela m'a souvent réussi.

Pendant mon séjour en Égypte, je commandai en second l'artillerie à cheval, et une partie des dromadaires du général en chef.

Lorsque Bonaparte se détermina à repasser en France, laissant le commandement de l'armée à l'illustre et malheureux Kléber, il me mit au nombre des officiers dont il désirait être accompagné.

Peu de jours après notre débarquement à Fréjus, je me rendis au dépôt de mon régiment à Metz, et immédiatement à Munich (armée d'Allemagne) : aussitôt on me dirigea vers les avant-postes, sur l'Inn, pour commander l'artillerie à cheval du général de division Ney.

CHAPITRE III

Bataille de Hohenlinden.

Le général Moreau commandait en chef l'armée d'Allemagne. Il paraît que les Autrichiens nous croyaient en désordre, et comptaient sur leur nombre, puisque, contre leur coutume, ils vinrent attaquer nos avant-postes sur les bords de l'Inn. Le général feignit d'opérer sa retraite jusqu'à Hohenlinden.

Je n'entrerai point dans les détails de cette affaire ; je me borne au récit de la conduite que j'eus l'occasion d'y tenir.

Dans notre mouvement rétrograde, je me trouvais à la tête de l'artillerie à cheval de l'arrière-garde. Je suis persuadé que je suis le seul officier de mon grade qui prévis que nous allions cesser de battre en retraite : voici pourquoi.

Le général en chef, en passant à onze heures du soir devant la position que j'occupais en deçà de Haag, s'était approché de moi pour me donner les ordres suivants :
« Vous vous retirerez lentement (me dit-il)
« devant l'ennemi en l'engageant dans la
« forêt (1); vous profiterez de tous les avan-
« tages que le terrain vous fournira pour
« l'y arrêter et l'y contenir le plus long-
« temps possible, de manière à ce qu'il n'ait
« pas la facilité de déboucher dans la plaine
« avant le jour, et plus tard si vous le pou-
« vez ».

Je me mis en devoir d'obéir; je me dirigeai à travers la forêt, et donnai à ma marche une apparence de désordre adroitement calculée, ce qui ne m'empêchait pas d'envoyer de temps à autre des volées à l'ennemi quand il se mettait à découvert en me poursuivant. J'avais toujours le soin de jeter devant ses rangs quelques obus, pour tenir sa marche éclairée, et diriger ma canonnade. Ce fut ainsi que je parvins jusqu'au

---

(1) Cette forêt, qui a deux grandes lieues de largeur, est entre Haag et Hohenlinden.

débouché de la forêt, sans perdre aucun homme, tandis que je faisais beaucoup de mal aux Autrichiens, qui nous suivaient sans prudence, nous croyant en pleine déroute.

Comme le jour n'était pas loin, et que je ne devais céder que jusqu'à sa naissance, je me hâtai de faire mes dispositions à la sortie du bois. L'inspection rapide du lieu me détermina à partager mes forces en trois parties : je jetai à gauche et à droite, derrière des taillis, trois batteries d'artillerie à cheval, avec défense de faire usage d'autre chose que de mitraille et d'obus. Je donnai de plus l'ordre d'attendre, pour tirer, que j'eusse commencé le combat sur la grande route, et de front, avec les pièces que j'avais gardées sous mon commandement immédiat.

Nous restâmes dans cette position jusqu'à ce qu'il fût grand jour, et je vis avec un plaisir incroyable la confiance de l'ennemi, montée à tel point que la cavalerie autrichienne et son artillerie entraient en colonne en suivant la route.

Cette imprudence leur coûta cher. L'archiduc Jean commandait ces troupes en personne; il croyait la victoire certaine : pour moi, je semblais me retirer toujours, pour les faire entrer tout à fait entre mes batteries. Enfin je vis qu'il était temps; je fis halte, et j'engageai l'affaire sérieusement; à l'instant mes batteries de droite et de gauche dirigèrent un feu terrible sur cette malheureuse cavalerie, qui, prise en trois sens, et ne pouvant reculer à cause de l'encombrement de ses trains d'artillerie, et du peu de largeur du chemin, fut culbutée si complètement que, pour me porter en avant, pour achever mon opération, je fus obligé de faire un détour, tant les hommes, les chevaux, l'artillerie formant la colonne imprudemment engagée, avaient obstrué la route.

Pendant mon action, les généraux Richepanse et Grénier (j'avais averti le premier que mes instructions étaient remplies) avaient tourné l'ennemi, l'un par la droite, l'autre par la gauche, de manière que, vers onze heures du matin (douze heures juste après l'ordre que j'avais reçu du général en chef), j'entendis son canon du côté de Haag, et

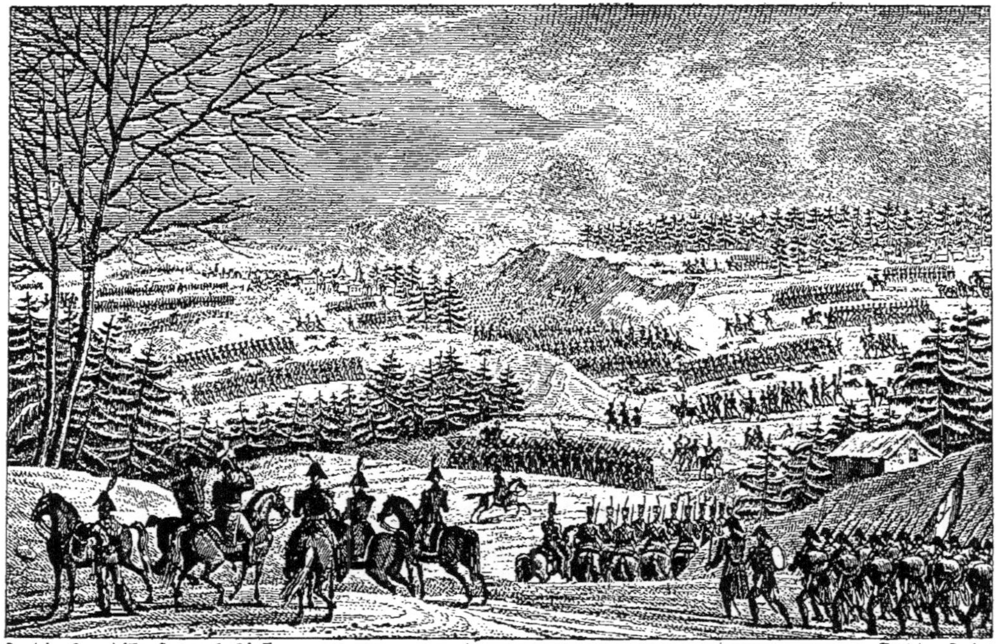

Dessiné et Gravé à l'Eau-forte par Couché fils — *Terminé par Bovinet*

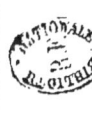

BATAILLE DE HOHENLINDEN.

Gagnée par le Général Moreau, le 3, Décembre, 1800.

BIBLIOT NATIONALE R.F.

je jugeai l'affaire décidée en notre faveur; elle l'était en effet. Depuis sept quarts d'heure j'écrasais, à demi-portée de mitraille, la colonne autrichienne, presque hors d'état de me répondre. Alors le général Moreau donna l'ordre à l'infanterie et à la cavalerie de charger dans la partie du bois où chaque arme pouvait donner, et les Autrichiens nous abandonnèrent douze mille hommes, cent vingt pièces de canon, vingt généraux, trente drapeaux et la caisse de l'armée.

Comme les chevaux d'artillerie autrichienne n'étaient plus en état de servir, tant à cause du verglas qu'à cause de leurs blessures et du désordre inséparable d'une pareille déroute, nous nous trouvions forcés d'abandonner les pièces prises; cela me désolait, et je résolus de tout tenter pour les emmener : j'y réussis ; mais je dois dire ici que si nous sauvâmes un si grand nombre de canons enlevés à l'ennemi, on le dut au dévouement de quelques bataillons d'infanterie qui, à ma prière, se joignirent à mes canonniers pour conduire à bras cette superbe artillerie, que je vins à bout de sauver tout entière, et qui fut parquée à côté de la route de Munich, dans un emplacement indiqué par moi.

Dans cette glorieuse journée (au succès de laquelle je crois avoir eu le bonheur de contribuer) j'eus deux chevaux tués sous moi. Le général en chef me témoigna publiquement sa satisfaction, et demanda au premier Consul un sabre d'honneur pour moi.

Après la bataille, on sait que l'armée se porta en avant. L'avant-garde, où j'étais avec le général Ney, eut encore à Lambach un combat fort vif, après lequel nous parvînmes jusqu'à Saint-Polten, où les préliminaires de paix furent signés. L'armée revint se cantonner dans la basse Autriche et dans la Bavière.

En l'an ix, après le traité de Lunéville, je rentrai avec mon régiment en France.

Depuis l'an ix jusqu'en l'an xiv, je n'ai rien d'important à raconter dans ma carrière militaire ; je suis obligé de passer à l'époque de la double campagne d'Allemagne, dont la première comprend la prise d'Ulm, suivie de la prise de Vienne. La seconde eut pour résultat la fameuse bataille d'Austerlitz qui

BATAILLE DE HOHENLINDEN.

eut lieu le jour anniversaire du couronnement de l'Empereur.

Bien que je n'aie pas de détails curieux ou instructifs à donner sur les événements qui eurent lieu de l'an ix à l'an xiv, je dois (pour ne pas laisser de lacune dans ces Mémoires) rendre compte de mes services pendant ces cinq années d'intervalle :

1° En l'an x, je fus incorporé dans le 5e régiment d'artillerie à cheval, sous les ordres du colonel Foy, actuellement lieutenant général, et membre de la Chambre des députés. A la fin de cette année, ce régiment, qui était sous les ordres du général Pille, au camp de Boulogne, fut dirigé sur Besançon (1).

(1) C'est dans cette ville que je fis la connaissance de M. Le Miere de Corvey (rédacteur de ces Mémoires), qui depuis est devenu mon ami le plus intime ; il était alors capitaine aide de camp du général Ménard, qui commandait à Besançon la 6e division militaire. Depuis ce moment, M. Le Miere et moi nous fûmes placés dans le même corps d'armée pendant plusieurs années, en Allemagne, en Prusse et en Pologne : lui mieux qu'un autre pouvait donc se charger de mettre au jour ces Mémoires, puisqu'il fut témoin de la plupart des faits qui y sont consignés.

2° En l'an xi, je quittai Boulogne, avec deux compagnies du 5ᵉ régiment d'artillerie à cheval, pour aller en Suisse à l'armée de pacification, commandée par le général Ney. A la fin de cette année, je retournai au régiment.

3° A la fin de l'an xi, on me fit partir à la tête des escadrons de guerre pour revenir à Boulogne : nous fûmes distribués sur la côte ; on me confia le commandement des batteries mobiles, depuis l'île de Catzan jusqu'au cap de Grinet. Je conservai ce poste honorable jusqu'à la fin de l'an xiii, époque à laquelle j'eus sous mes ordres l'artillerie de la flotte d'avant-garde sur les bateaux plats avec les péniches et quelques canonnières. Nous espérions tous les jours faire voile et tenter la descente en Angleterre avec notre immense flottille (1); toute l'armée attendait ce moment

---

(1) Je n'ai pas cru devoir faire mention de quelques petits combats de nos péniches et autres bâtiments, où j'ai fait beaucoup de mal à l'ennemi ; ces détails, donnés ailleurs très amplement, n'auraient pas un grand intérêt, et ne doivent pas, suivant moi, trouver place en des Mémoires particuliers.

avec la plus vive impatience, lorsqu'un beau matin nous reçûmes l'ordre de descendre à terre, et nous fûmes dirigés à marches forcées sur le Rhin, que nous passâmes à Manheim.

CHAPITRE IV

Bataille d'Austerlitz.

On a publié un si grand nombre de relations de cette étonnante campagne, terminée par la bataille d'Austerlitz, qui eut lieu le 2 décembre 1805, que moi (qui n'écris point pour répéter ce qui est connu) je n'en dirai rien. Cependant, je ne puis laisser passer le nom d'Austerlitz sans rappeler un fait qui me fut personnel dans cette mémorable journée.

Au moment où l'armée russe faisait péniblement sa retraite, et cependant en bon ordre, sur la glace du lac, l'empereur Napoléon vint au grand galop vers l'artillerie. « Vous perdez du temps (s'écria-t-il) à fou-« droyer ces masses; il faut les engloutir! « tirez sur la glace. » L'ordre donné resta sans exécution pendant dix minutes; en vain

BATAILLE D'AUSTERLITZ.

Gagnée par l'Empereur Napoléon, le 2 Décembre 1805.

plusieurs officiers et moi-même nous nous étions placés à mi-côte pour produire plus d'effet, leurs boulets et les miens roulaient sur la glace sans l'entamer. Voyant cela, je m'avisai d'un moyen très simple, ce fut de pointer en haut huit obusiers ; la chute presque perpendiculaire de ces lourds projectiles produisit l'effet désiré. Mon moyen fut imité par les batteries voisines, et en moins de rien nous ensevelîmes quinze mille Russes et Autrichiens sous les eaux du lac (1).

A la bataille d'Austerlitz, parmi le grand

(1) A la journée d'Austerlitz le capitaine Seruzier commença à fixer particulièrement l'attention de l'Empereur. Plus tard, il est à remarquer qu'il se trouva toujours employé de manière à jouer un rôle principal dans nos grandes batailles ; on verra par la suite qu'on lui confia souvent des forces extraordinaires dans les moments critiques : capitaine, il commanda presque toujours au feu un régiment d'artillerie à cheval ; colonel, il eut quelquefois cent pièces et plus à faire mouvoir. La lecture de ces Mémoires prouvera que les succès inouïs obtenus dans nos grandes journées militaires sont dus, en partie, à l'audacieuse exécution de mouvements jusqu'alors inusités dans l'artillerie, et mis en pratique par le colonel Seruzier.

(*Note de l'Éditeur.*)

nombre de prisonniers que j'épargnai, je sauvai la vie à un colonel d'artillerie russe, qui m'avait tenu tête longtemps avec un grand courage. Je fis plus; j'eus soin de le recommander, afin qu'il fût traité honorablement.

Je cite ici cette petite aventure parce que, plusieurs années après, elle fut la cause de mon salut; on le verra par la suite, si l'on continue la lecture de mes campagnes.

La paix qui suivit la journée d'Austerlitz ramena notre armée victorieuse en Bavière et dans le Wurtemberg, où elle fut cantonnée. J'y pris quelque repos et commençai à étudier les effets majeurs qu'il était possible de produire avec l'arme terrible à laquelle j'étais attaché; je me promis de mettre à profit mes calculs et mes observations dès que j'en aurais fait l'épreuve. Cette épreuve, j'eus occasion de la faire dans notre marche sur la Prusse en 1806 : le 10 octobre, rencontre de nos troupes avec les Prussiens à Saalfeld, où fut tué le prince Louis de Prusse, etc. Quatre jours après se donna la célèbre bataille d'Iéna.

Ici commence réellement le droit que je puis

avoir de parler de mes campagnes ; c'est depuis lors que le détail de mes actions offre un véritable intérêt, parce que c'est de ce moment que j'ai pu rendre de grands services à mon pays ; mon commandement étant devenu plus important (1), ce que j'ai fait est aussi devenu plus digne d'être remarqué : je répète que je ne le rapporte que dans l'espoir que ces détails ne seront pas inutiles pour l'instruction pratique de notre arme (2).

(1) Quoique l'Empereur me confiât un plus grand commandement, je n'étais toujours que capitaine.
(2) On se rappelle que le colonel Seruzier est censé s'adresser aux jeunes officiers et élèves d'artillerie.
(Note de l'Éditeur.)

CHAPITRE V

Bataille d'Iéna.

Cette bataille mémorable eut lieu le 14 octobre 1806. L'armée prussienne, conduite par son roi, était en marche pour s'emparer des défilés des Salines, entre Auschtett et Naümbourg. L'armée française s'était avancée de Naümbourg à deux heures du matin, afin de se trouver de l'autre côté des défilés avant que l'ennemi pût s'en rendre maître : dès six heures, nous découvrîmes les troupes prussiennes en bataille entre Auschtett et les Salines. Je commandais l'artillerie de la division Morand ; cette division était la première du 3ᵉ corps, sous les ordres du maréchal Davout.

Je formais alors la tête de la colonne de notre division, qui était encore à une distance assez grande derrière moi.

BATAILLE D'JÉNA,
Gagnée par Napoléon le 14 Octobre 1806.

L'ennemi m'attaqua impétueusement dès qu'il m'aperçut ; il débuta par une charge de cavalerie. Je reçus les Prussiens avec sang-froid, et mon feu de mitraille leur culbuta d'abord beaucoup de monde ; cependant ils se disposèrent aussitôt à me charger une seconde fois. Il est bon de faire observer que je n'avais pour soutenir mon artillerie qu'une seule compagnie de grenadiers du 54e de ligne ; et notre division, qui avait fait halte, était encore loin de nous, et se formait en carré. Je me hâtai de répartir mes grenadiers dans les intervalles de mes canons, recommandant à mes artilleurs d'avoir toujours la mitraille prête et de tirer sans se presser et sans crainte jusqu'à nouvel ordre. Ces dispositions arrêtées, nous attendîmes les cavaliers prussiens : ils chargèrent trois fois sans pouvoir atteindre jusqu'à nous, et dans ces trois tentatives infructueuses ils essuyèrent une perte considérable. Mais, pendant ces différentes charges, les hussards *rouges* de la garde du roi de Prusse m'avaient tourné et s'étaient jetés entre notre division et mes batteries. Je vis toute l'étendue du danger et je frémis à l'idée de perdre mes pièces. Je me souvins alors des manœuvres d'infanterie que j'avais vu exécuter dans la campagne d'Égypte, et je m'avisai de faire de même avec mes canons (1); sur-le-champ, je me forme en carré, mes grenadiers dans les intervalles (ce mouvement dut paraître fort bizarre à la cavalerie ennemie). Cette cavalerie, placée comme elle venait de s'établir, doutait si peu d'enlever mon artillerie, qu'elle me chargea de toutes parts en s'abandonnant. Ce fut alors que je reconnus la bonté de la manœuvre que le hasard m'avait rappelée : non seulement toute cette cavalerie ne m'enleva point, mais elle perdit moitié de ses hommes, et mit deux fois plus de temps à dégager ses seconds rangs du milieu des chevaux renversés qu'elle n'en avait mis à venir à ma portée.

J'en étais là, quand notre division, for-

---

(1) Je dois dire ici que, longtemps avant cette bataille, raisonnant avec le général Sorbier sur la possibilité d'une pareille manœuvre, le général non seulement l'avait approuvée, mais m'avait expliqué comment il la concevait ; je n'oubliai pas cette explication, et j'eus le bonheur de l'exécuter ce jour-là avec succès.

mée en carrés d'infanterie marchant au pas de charge, parvint à notre hauteur. Aussitôt, me voyant soutenu, et ne craignant plus d'être tourné, je déploie mon carré d'artillerie sur une ligne, et je me porte en avant vers l'ennemi plus hardiment que jamais.

Arrivés en avant d'Auerstaedt, une fusillade et une canonnade fort chaudes s'engagea de part et d'autre; cependant elle ne décidait rien. Nous nous battions avec acharnement; mais il était impossible que l'ennemi n'eût pas le dessus par la supériorité de son artillerie. Je n'avais ce jour-là que dix-huit bouches à feu; l'ennemi m'en opposait quatre-vingts, servies par les artilleurs à cheval de la garde du roi de Prusse; ainsi mes ailes se trouvaient débordées par les ailes d'artillerie ennemie, dont la ligne avait quatre fois plus d'étendue que la mienne, et me faisait un mal horrible par son feu croisé.

Dans cet état, voyant tomber mes canonniers à chaque minute, moi-même blessé à la main droite, je ne perdis point ma présence d'esprit : il me semblait qu'après m'être tiré de la position critique où j'étais une heure auparavant, je ne devais pas succomber; en effet, j'ai remarqué plusieurs fois qu'un premier succès était presque toujours le présage d'un second. Je combinai donc un mouvement d'une audace extraordinaire, mais qui pouvait seul changer notre position désespérée. J'eus soin d'en prévenir le maréchal Davout, qui était au milieu du 30ᵉ régiment de ligne. L'officier que je lui envoyai l'instruisit du mouvement que j'allais opérer, ajoutant (comme je lui en avais donné l'ordre) que si le Maréchal voulait me soutenir par ses deux carrés de droite, j'allais décider l'affaire en notre faveur. L'autorisation obtenue, je fais tirer à volonté mes pièces *paires* (1), et je me porte par un mouvement rapide avec mes pièces *impaires* jusque sur le flanc gauche de l'ennemi. Cette manœuvre téméraire, qui me plaçait presque sur les batteries prussiennes à leur gauche, ne fut point aperçue, à cause de ma promptitude et de la

---

(1) Les pièces en ligne prennent des numéros *pairs* et *impairs,* comme les pelotons dans l'infanterie.

fumée qui s'élevait des pièces qui continuaient leur feu; alors, me trouvant en mesure, je dirige ma mitraille et mes obus sur les pièces ennemies : tous leurs canonniers sont tués, avec la presque totalité de leurs soldats du train. Enfin, cette aile fut si maltraitée que nous leur prîmes trente canons, démontés par ma décharge. Quoique je vinsse de recevoir dans cette belle manœuvre un coup de mitraille qui faisait encore boulet, et qui m'avait emporté une partie du flanc gauche, je fis de suite bander ma plaie avec ma cravate, et je remontai à cheval; mais, pour rassurer mes soldats, consternés de me voir si grièvement blessé, je leur fis à haute voix une plaisanterie *grivoise* sur l'artillerie (1) : ils se mirent tous à rire. J'ordonnai à mes trom-

---

(1) En effet, le capitaine Seruzier dit un mot fort énergique à sa troupe, mais que nous ne devons pas rapporter littéralement ici; nous nous contenterons d'en donner à peu près le sens : « *L'artillerie à cheval prussienne est* « *la mère de l'artillerie française; elle tire juste; mais* « *faisons-lui voir que la fille n'a point dégénéré..... redou-* « *blons le feu!* »

(*Note de l'Éditeur.*)

pettes de sonner la charge, et nous nous portâmes vivement en avant; mais l'ennemi ne tenait plus devant nous; il était tellement en déroute, qu'une demi-heure après ses quatre-vingts bouches à feu étaient à moi. La division ramassa un nombre considérable de prisonniers. De ce moment la bataille fut complètement gagnée; nous poussâmes les Prussiens jusqu'au delà d'Auerstædt, qu'ils nous abandonnèrent. Quant à moi, tout en les reconduisant avec mes obus et mes boulets, je me hâtai d'occuper plusieurs positions importantes pour la sûreté du corps d'armée.

Cette bataille valut au maréchal Davout le titre de *duc d'Auerstædt*. A cette affaire j'eus deux chevaux tués sous moi; je ne quittai point mes batteries pendant toute l'action, bien que j'eusse été dangereusement blessé dès le milieu du jour. Le rapport de ma conduite parvint à l'Empereur, et l'ordre du jour de l'armée porta que, *par une manœuvre hardie, j'avais décidé le succès de la bataille*.

Enfin, je fus fait chef d'escadron sur le champ d'honneur témoin de notre gloire.

Mes blessures, quoique fort graves, ne m'empêchèrent pas de faire la campagne de Pologne, et de me trouver à plusieurs combats, que je ne décrirai pas, attendu que je n'ai rien à dire de bien remarquable pour moi. L'armée se porta en avant, prit Leipzick, Berlin, Breslau, Francfort-sur-l'Oder, Posen et Varsovie. Nous passâmes la Vistule et la Nareffe, après les combats de Pultausk, et nous marchâmes sur Eylau, où j'eus le bonheur de me faire remarquer.

CHAPITRE VI

Bataille d'Eylau.

Cette bataille fut une des plus sanglantes de toutes celles des guerres de l'Empire ; elle eut lieu le 8 février 1807 par un froid des plus rigoureux ; elle avait été précédée de combats très meurtriers, particulièrement de ceux des 4, 5, 6 et 7 février. On pourra juger du désordre général d'après l'exposé suivant.

Je commandais alors l'artillerie de la division Saint-Hilaire (première division du 4ᵉ corps, sous les ordres du maréchal Soult). L'armée française n'était pas en mesure ; la bataille ne devait avoir lieu que le 9. Les 1ᵉʳ, 3ᵉ et 6ᵉ corps ne purent prendre part à l'action que fort tard ; tous les officiers d'ordonnance chargés de porter les ordres à ces

BATAILLE D'EYLAU.
Gagnée par Napoléon le 8 Février 1807

trois corps avaient été malheureusement faits prisonniers, et nul accord ne pouvait en conséquence exister entre leurs mouvements.

A six heures du matin l'ennemi nous attaqua par une canonnade très vive et très étendue. La division dont je commandais l'artillerie était à droite, un peu en avant d'Eylau. Dans cette position, nous échangeâmes nos boulets avec l'ennemi pendant environ trois heures; l'incertitude des mouvements de nos corps d'armée, qui n'étaient point instruits de leur situation respective, m'empêchait de rien entreprendre, ne sachant pas si je pourrais être soutenu. Cependant j'avais envoyé trois maréchaux des logis au grand parc, afin d'y chercher des munitions, dont je commençais à manquer; ils m'avaient rapporté à leur retour la nouvelle de la situation pénible de l'armée, situation que je viens de décrire; mais ils m'apprirent aussi que les maréchax Ney et Davout, dirigés par le bruit de ma canonnade, s'étaient mis en marche de mon côté avec leurs forces; que le maréchal Ney (6ᵉ corps) ne pouvait déboucher que vers six heures du soir sur notre droite; que le maréchal Davout (3ᵉ corps) pouvait tout au plus nous joindre à midi; enfin, que le maréchal Bernadotte (1ᵉʳ corps) avait été prévenu, et invité à se mettre en marche, afin d'arriver au moins le lendemain à notre hauteur.

Dès que ces documents précieux me furent parvenus, j'allai de suite les communiquer au général Saint-Hilaire, commandant la division, et je l'invitai (attendu leur importance) à les faire savoir à l'Empereur, qui était près de là avec une partie de sa garde.

Le général Saint-Hilaire se rendit vers Napoléon; en partant il me donna la permission que je lui demandais, de me porter en avant et beaucoup plus à droite de la position que j'occupais; il me dit même fort obligeamment: « Tu sais bien, mon ami, que « dans un cas urgent, je te permets de faire « tout ce que tu voudras ».

Fier d'une confiance semblable de la part de ce brave général, je me promis bien de la mériter. La position que j'ambitionnais était un très beau plateau, flanqué de chaque côté par deux petits bois. Je l'avais reconnu la veille, et j'y pensais continuellement, ayant dans l'idée, d'après mes observations, que ce point devait assurer le gain de la journée à celle des deux armées qui le tiendrait occupé. L'ennemi y avait déjà des forces, et je voyais avec peine qu'il allait s'y établir.

Sans perdre de temps, je pris les compagnies de voltigeurs (que le général Saint-Hilaire avait mises à ma disposition sur ma demande), et je leur enjoignis de s'embusquer dans les deux petits bois, et de soutenir par leur fusillade sur les flancs, mon attaque de front.

Je marchai : les voltigeurs firent des prodiges. L'ennemi fit aussi des efforts réitérés pour conserver sa position : en vain employa-t-il artillerie, infanterie et cavalerie contre nous; pris par le feu croisé des voltigeurs placés dans les deux petits bois, et écrasé de front par ma mitraille, il fut contraint de céder après un carnage épouvantable. J'étais maître du plateau, mais je n'étais pas quitte des attaques de l'ennemi.

Les Russes et les Prussiens reconnurent

bientôt la grandeur de leur perte, et réunirent toutes leurs forces pour me chasser de ce lieu : ils prirent enfin le parti de me tourner, et de m'attaquer de toutes parts. Je résistai à cette charge comme aux précédentes, conservant toujours ma position. Cependant je m'affaiblissais; j'avais compté sur l'arrivée du 3e corps pour midi, or, il était une heure, et je ne voyais rien arriver.

Heureusement l'Empereur, qui tenait sa lunette sur le point où j'étais, devina le dernier mouvement de l'ennemi lorsqu'il voulut me tourner; aussitôt il donna l'ordre à deux compagnies d'artillerie à cheval, avec un bataillon de sa garde, de monter rapidement au plateau, et de se mettre, pour la journée entière, aux ordres de celui qui s'y défendait; puis se tournant vers le général de notre division qui était près de lui : « général Saint-Hilaire, quel est le « brave qui a si vivement enlevé et qui « garde si bien cette position? » Le général répondit : « Sire, c'est mon commandant « d'artillerie. — Ah! ah! (reprit l'Empereur)

« c'est mon *vieux* Seruzier (1), je n'en
« suis plus étonné. Saint-Hilaire, vous lui
« direz que je suis content de lui, et qu'il
« se ménage. »

On vit alors le 3ᵉ corps paraître. Son chef le maréchal Davout, fit partir un aide de camp, afin de venir reconnaître le plateau que je gardais, et s'informer si j'avais besoin de secours : je dis à cet officier que je ne craignais plus rien pour mon artillerie ; mais que, les ordres de l'Empereur étant de ne pas abandonner notre favorable position, il pouvait prévenir le maréchal de venir au plus tôt l'occuper pour toute la journée. « Je venais, continuai-je, d'envoyer
« mon adjudant à son excellence ; elle doit
« avoir reçu maintenant l'avis que je suis
« chargé de vous donner. » A peine l'aide de camp eut-il repris le galop pour rejoindre le 3ᵉ corps, que le maréchal Davout arriva sur ma position. Je fus surpris de sa prompte ap-

(1) J'étais de la même année que l'empereur Napoléon, mais j'avais quelques mois de plus, comme il en avait fait la remarque un jour ; depuis ce temps il m'appelait quelquefois *mon vieux* ou *le père aux boulets*.

parition, car je n'avais pas encore revu mon adjudant, et je ne devais plus le revoir ; il avait été tué en revenant m'annoncer le maréchal.

Lorsque je vis la position si bien soutenue, je me rappelai que la division Saint-Hilaire, dont je faisais partie, était sans canons depuis neuf heures du matin, et je pensai qu'il était de mon devoir de la mettre en état d'agir sur l'ennemi, ce qu'elle ne pouvait tenter efficacement sans artillerie; je quittai donc mon plateau, devenu le poste marquant de l'armée, non sans un vif regret. Mes artilleurs ne se souciaient pas non plus de l'abandonner; je les y déterminai en leur répétant que nous avions assez fait en tenant la bataille en suspens par notre manœuvre. « Suivez-moi maintenant (leur dis-je) « sur le point où je vous conduis pour la « décider! » Nous descendîmes par la gauche pour rejoindre notre division; aussitôt nous nous précipitâmes ensemble, avec fureur, sur l'ennemi. On vit bien que la division Saint-Hilaire attendait impatiemment notre retour; car dès que nous parûmes l'infanterie et la cavalerie tombèrent sur les alliés à la baïonnette et le sabre dans le flanc. Quand à moi je faisais, en suivant ce mouvement, des décharges de mitraille à demi-portée. La mêlée était si sanglante que j'en ai peu vu de pareille, et aucune aussi longue. Nous combattîmes ainsi, renouvelant nos charges à tout moment, jusqu'à six heures du soir, et cependant sans presque gagner de terrain. Que serions-nous devenus alors sans mon plateau!

Enfin, à six heures précises le maréchal Ney parut, en bon ordre, à la tête du 6e corps, comme il l'avait promis; il tomba sur les Prussiens et les Russes, qui pour le coup nous cédèrent le champ de bataille.

Eylau, avec une innombrable quantité de blessés, tomba en notre pouvoir. Nous ramassâmes l'artillerie ennemie, éparse çà et là sur le terrain qu'elle avait occupé. Dans cette mémorable journée je ne reçus que de légères blessures, mais j'eus trois chevaux tués sous moi.

Le lendemain, 9 février, l'Empereur, parcourant le champ de bataille, me vit occupé à faire transporter l'artillerie que les Russes avaient perdue. Il s'approcha, et me dit :

« J'ai reconnu les emplacements que tu oc-
« cupais au nombre de Russes que tu y as
« laissés! — Êtes-vous content de mon ar-
« tillerie, Sire? — Oui, certes! (répondit Na-
« poléon.) — Alors (repris-je) voilà les noms
« des braves que je commande; ils méritent
« votre bienveillance. » Et je lui remis deux
états que j'avais tout prêts, mais que je n'espérais pas pouvoir remettre à lui-même.
L'un de ces états était pour l'avancement;
l'autre pour les décorations. L'empereur les
reçut. « Et pour toi? » dit-il encore. Je répondis : « Si vous trouvez que j'aie fait mon
« devoir, et bien rempli vos intentions, je
« suis content, et surtout si j'obtiens pour mes
« soldats les récompenses dont j'ai l'hon-
« neur de vous soumettre la demande. »

L'Empereur s'éloigna en souriant d'un air
satisfait; je continuai à faire enlever du
champ de bataille le matériel des Russes;
mais le lendemain j'eus un moment que je
regarde comme un des plus beaux jours de
ma vie; je fus chargé de faire cent-six avancements, et de distribuer quatre-vingt-seize
décorations : l'Empereur m'avait tout accordé.

Après Eylau, notre armée se retira sur la Passarge : on m'y donna le commandement de toute la ligne des avant-postes au delà de cette rivière, en avant de Liebstadt.

Pendant ce commandement, qui dura trois mois et demi, il m'arriva une petite aventure qui, je crois, mérite de trouver place ici ; j'ai fait souvent la guerre en partisan, et j'y ai quelquefois réussi, particulièrement à cette époque contre le *fameux* Blücher, et plus tard, contre le major Schill, qui passait alors pour le premier des partisans.

CHAPITRE VII

Prise du général Blücher. — Son échange contre le maréchal Victor, duc de Bellune.

C'était à l'époque du siège de Dantzick, qui ne se rendit, comme chacun le sait, qu'après une vigoureuse défense. Le général Blücher, déjà célèbre, s'avisa de venir faire le *rodomont* jusque près de moi dans la ferme de Neühausen (1); cette ferme était située à la gauche de ma ligne. Un jour que je parcourais les environs, je m'aperçus de quelques allées et venues extraordinaires dans cette ferme. Un hussard *noir*

(1) Dans toute cette partie de la Pologne prussienne les fermes sont si considérables qu'on y cantonnait quelquefois des compagnies entières pour un ou deux mois ; j'en ai vu qui nourrissaient journellement cent hommes, cinquante chevaux, et au moins huit à dix officiers.

(*Note de l'Éditeur.*)

prussien était là en vedette. Aussitôt je fondis sur lui, et, l'ayant sabré, je le fis prisonnier. Le pauvre diable m'apprit ce que je voulais savoir : que son général (Blücher) s'était établi dans cette belle maison, et qu'il était gardé par une nombreuse escorte.

Je fis conduire mon prisonnier à Liebstadt, et, prenant huit hommes bien montés et bien armés, je me rendis à Pruss-Holland, ville éloignée de trois lieues de la ferme. Avant de partir, j'avais donné les ordres nécessaires pour faire trouver, le lendemain, trois cents chevaux à quelque distance, dans un endroit désigné par moi.

En arrivant à Pruss-Holland, je commençai (pour cacher mes projets) par frapper une réquisition pour six mille chevaux, en déclarant qu'il me la fallait dans les vingt-quatre heures, sans quoi j'emmènerais en otages les principaux habitants de la ville. Ma réquisition ne fut pas plus tôt dénoncée aux magistrats, que l'un de mes brigadiers, que j'avais laissé à la porte du faubourg pour observer, vint m'annoncer qu'il venait de voir partir un cavalier courant à toute bride, et se dirigeant du côté de la ferme de Neühausen :

je jugeai qu'il allait avertir le général Blücher; c'était ce que je désirais. Sans balancer, j'envoie chercher un guide à cheval, parfaitement monté, afin, disais-je, de me conduire au village de Brenheim, à une lieue de là. Je pars avec mes huit hommes, mais, au lieu d'aller au village que j'avais nommé, je change de chemin, et me rends au galop à quelque distance de la ferme, précisément à l'endroit indiqué la veille pour mon embuscade. J'y trouve mes trois cents cavaliers, et j'investis la ferme de toutes parts.

Le général (ainsi que je l'avais prévu) avait été la dupe du piège que je lui avais tendu. On venait de l'instruire que le commandant de l'artillerie française avait frappé une réquisition, et qu'on allait la diriger sur Brenheim : il crut faire un coup de maître en donnant l'ordre à tout son monde de se porter de ce côté pour saisir les réquisiteurs et la réquisition, tandis qu'il ne fit qu'une lourde bévue, puisqu'il éloigna de lui ceux qui pouvaient le défendre, et me donna la facilité d'exécuter mon coup de main, et de le faire prisonnier, ainsi que ses deux fils et toute sa suite. Cela dut le convaincre qu'un bon chef doit se mettre à la tête des mouvements qu'il ordonne.

J'emmenai donc à mon quartier M. le général Blücher, très-capot de s'être ainsi laissé prendre, lui qui passait pour un *vieux renard*.

Je ne restai pas dans l'oisiveté, pendant trois mois et vingt jours que dura mon commandement des avant-postes sur la Passarge ; j'occupai mes artilleurs à construire deux têtes de pont très fortes, l'une (celle de gauche) à Lomitten, et celle de droite à Blümen. J'avais découvert un passage à gué qui fut fort utile à la cavalerie ; je le fortifiai par trois bonnes redoutes, dont deux étaient en avant du passage, et l'autre à la rive gauche. Mon quartier se trouvait établi dans le plus grand de ces ouvrages, à la tête de pont de Lomitten.

Ce fut là que je conduisis d'abord mon prisonnier, qui n'était alors que M. le général Blücher, mais qui, depuis, est devenu *excellence* et *prince*. Je le logeai dans ma baraque, qui était assez commode, et je l'envoyai ensuite à Liebstadt ; mais le 25 mai je fus prévenu par le maréchal Soult que le général Blücher serait échangé contre le maréchal Victor, *duc de Bellune*, et l'on ajouta (dans l'avis que je reçus), que cet échange aurait lieu dans mes avant-postes, attendu que le général Blücher avait été mon prisonnier.

Aussitôt je fis partir, pour aller le chercher, le même détachement de trois cents hommes qui l'avait pris, afin de lui servir d'escorte et de lui donner en passant une petite leçon de modestie, car ce M. Blücher était un homme bouffi d'orgueil et d'arrogance.

J'avoue que j'éprouvai quelque plaisir à voir sa confusion et la mine qu'il faisait lorsque je l'accompagnai avec mes cavaliers jusqu'à nos premières vedettes; cependant j'ai toujours eu pour lui les plus grands égards (ils lui étaient dus par son malheur et par son grade). Ses fils m'ayant reconnu, me firent remarquer à leur père pendant la collation que j'avais fait préparer dans ma baraque : mais M. le général Blücher ne voulut toucher à rien ; il était tellement vexé qu'il refusa même un verre de vin, ce qui ne se refuse jamais à l'armée.

Je ramenai le maréchal Victor, et je fis presser l'achèvement de mes fortifications. L'armée se reposait sur ma vigilance (1).

Il ne m'arriva rien d'intéressant jusqu'au mois de juin, si ce n'est quelques petites alertes d'avant-postes ; mais le 4 au soir, faisant ma tournée comme à l'ordinaire, je m'aperçus que les vedettes ennemies étaient doublées ; je présumai dès lors qu'il y avait quelque projet contre nous, et je résolus de le déconcerter.

Je prévins de mes intentions tous mes officiers, et dans le même moment j'ordonnai une charge générale sur toute ma ligne : nous tombons sur les vedettes ; nous sabrons les premiers postes et les grand'gardes ; enfin nous pénétrons jusqu'au camp des Russes. Je vis alors que je ne m'étais pas trompé ;

---

(1) Le propos ordinaire, à cette époque, sur les bords de la Passarge, était : *Nous pouvons dormir en parfaite sécurité ; Jupiter-Moustache est aux avant-postes.* De tout temps les soldats se sont plu à donner des sobriquets à ceux qu'ils aiment ou qu'ils estiment : Napoléon Bonaparte eut le sien, les soldats l'appelaient souvent le *petit caporal*.

(*Note de l'Éditeur.*)

l'ennemi, très en force, était en position de nous attaquer, et je jugeai qu'il n'y manquerait pas dès le lendemain.

Informé de ce que je voulais savoir, je fis sonner le ralliement, et rentrai rapidement dans mes postes, ramenant trois cent vingt hussards et cosaques, un chef d'escadron, deux capitaines et cinq lieutenants prisonniers.

Je me hâtai de faire mes dispositions de défense, ordonnant à mes vedettes, en cas d'attaque, de se retirer sur mes postes ; à mes postes de reculer sur mes grand'gardes ; à mes grand'gardes, sur les piquets que je plaçai dans les intervalles de mes redoutes.

Dès que je fus parfaitement en mesure, j'envoyai des ordonnances en toute hâte, à ma gauche au prince de *Ponte-Corvo* (1er corps) ; à ma droite au maréchal Soult à Liebstadt (4e corps) ; enfin, au maréchal Ney en arrière de ma ligne (6e corps), afin de les prévenir du mouvement de l'ennemi, et de la manière dont je m'étais préparé à le recevoir.

Le lendemain, 5 juin, à la pointe du jour, je vis mes pronostics se réaliser : l'ennemi vint fondre sur mes postes, de même que je l'avais fait la veille sur les siens, mais avec cette différence que nous étions dans un état de défense respectable, et que nous le tînmes en échec, en lui culbutant cavaliers et fantassins, sans qu'il pût arriver sur nous. L'action dura toute la journée, et toujours sans perte pour nous (1). Bien m'en avait pris cependant d'avoir mis mes redoutes en bon état ; sans cela je n'aurais pu donner le temps à l'armée d'arriver sur ce point. Enfin cette brillante armée sortit de son long repos ; ce fut le réveil du lion.

Le lendemain 6, nous nous portâmes en avant, disputant le terrain pied à pied jusqu'à neuf heures du soir. Nos manœuvres préparatoires durèrent toute la nuit et les jours suivants. Enfin le 10 juin 1807 eut lieu la bataille d'Heilsberg.

---

(1) Parmi les corps d'infanterie qui se distinguèrent dans cette journée et dans celle d'Heilsberg, nous devons citer la brigade dite de *fer*, composée des 46ᵉ et 57ᵉ régiments de ligne, faisant partie de la deuxième division du 4ᵉ corps.

(*Note de l'Éditeur.*)

CHAPITRE VIII

Bataille d'Heilsberg.

Depuis la bataille d'Eylau l'ennemi avait établi de fortes redoutes à droite et à gauche d'Heilsberg : en fortifiant cette ville d'un ouvrage en terre, l'intention des Russes était de nous arrêter là, afin de couvrir Kœnigsberg. Telle était leur position défensive. Notre 4ᵉ corps l'attaqua d'abord avec vigueur, et fut reçu de même : après plusieurs heures de combat l'ennemi se retira dans ses lignes fortifiées et dans la ville.

Alors le maréchal Soult reçut l'ordre d'enlever les redoutes de vive force. Aussitôt je tournai la plus grande, qui se trouvait à notre gauche ; j'y fis pleuvoir d'abord une grêle de mitraille et d'obus, qui tuèrent la plupart des canonniers à leurs pièces ; puis, détournant mon feu sur les chevaux de frise qui en masquaient l'entrée, je les renversai, et, faisant sonner la charge, nous nous précipitâmes en avant.

Cinq minutes après, la brave division Saint-Hilaire, son général en tête, se trouvait avec moi au milieu de la redoute : sans nous arrêter nous nous portâmes sur celle qui était à droite, et nous l'enlevâmes de même que la première. Enfin, malgré nos pertes, nous marchâmes encore sur la troisième, et nous la forçâmes comme les deux précédentes. Cependant notre division était fort affaiblie, tant par ces trois actions successives que par l'occupation des trois redoutes, où nous avions été obligés de laisser du monde.

Pour surcroît d'embarras, la place nous faisait alors un mal considérable, parce que nous nous trouvions à découvert sous ses batteries ; nous fûmes donc forcés de faire un changement de front pour lui faire face.

Pendant que nous supportions cette fâcheuse position, et que notre 4ᵉ corps achevait son mouvement sous le feu de la ville, la Garde et une division de nos cuirassiers vinrent charger l'ennemi, mais sans succès marqué. Napoléon avait probablement le projet d'attirer tous les efforts des Russes sur notre division, afin d'agir avec plus de certitude sur un autre point ; je suis porté à le croire, puisque, manœuvrant par notre droite, et donnant l'ordre au 3e corps de l'imiter par notre gauche, nous nous trouvâmes entièrement dégarnis.

Nos cuirassiers, qui venaient de charger, furent de nouveau ramenés avec perte par la cavalerie de la garde russe et prussienne ; en même temps l'infanterie de ces deux gardes reprit les redoutes qui nous avaient coûté tant de soldats ; alors je me trouvai, non seulement enveloppé de toutes parts, mais au milieu de l'armée des alliés avec mon artillerie.

Je me consolai en pensant que notre perte ménageait la victoire à notre armée, qui achevait rapidement ses manœuvres sans obstacle ; mais je résolus de vendre chèrement notre vie : je puis même assurer que je ne désespérai point d'échapper encore. Je m'étais hâté d'ordonner un mouvement de retraite, afin de me retirer en dehors de la ligne des redoutes ; comme je commandais *halte, en batterie,* la cavalerie qui venait de ramener nos cuirassiers arriva sur mes pièces par derrière, en criant : *alliés, alliés, ne faites pas feu.* Soit que les Prussiens voulussent nous tromper, et profiter de la confusion pour nous enlever ; soit qu'ils nous eussent réellement pris pour un corps de leurs troupes (chose assez vraisemblable, puisque nous étions au centre de leur armée), toujours est-il certain que, d'une manière ou de l'autre, nous allions les avoir sur les bras. Sentant que je n'aurais pas le temps de recharger pour continuer mon feu, j'ordonne à mes canonniers à pied de se glisser avec leurs fusils sous les caissons et sous les canons, et de se défendre ainsi jusqu'à la mort ; en même temps je forme en escadrons mes artilleurs à cheval, ne laissant que trois hommes par bouche à feu, et je m'élance sur la cavalerie ennemie. Les Prussiens et les Russes, embarrassés et sans ordre au milieu de mes batteries, recevant des coups de fusil qui sortaient comme de terre de la part des hommes cachés sous mes pièces et mes caissons, enfin mitraillés par mon artillerie, que je protégeais par le mouvement exécuté avec les escadrons que je venais de former; les Prussiens, dis-je, furent mis en fuite, et sortirent de ma ligne d'artillerie. Alors je me forme en carré, et je commence ma retraite avec calme et au petit pas.

Notre situation était changée; je ne doutais plus de la possibilité de rejoindre nos divisions. Chaque fois que je me trouvais un peu serré, je commandais *halte, en batterie*, et je mitraillais ceux qui m'avaient approché trop indiscrètement.

Dans l'armée française tout le monde me croyait pris avec mon artillerie : je conçois que l'on ne pouvait pas en juger autrement; mais il est de fait que, dans cette action qui fut une des plus sanglantes que l'on eût encore vue, l'ennemi n'a pu se flatter de m'avoir pris seulement un palonnier (1), tandis que je lui fis éprouver une perte considérable. Il est pourtant vrai de dire que j'eus aussi quelques-uns de mes canonniers tués, et que

(1) Petit morceau de bois qui sert à l'attelage d'un char quelconque.

la plupart des autres furent blessés : parmi les artilleurs il s'en trouva qui reçurent jusqu'à quatorze coups de sabre; pour mon compte j'en eus deux sur la tête.

Ma retraite (pendant laquelle je ne cessai d'être engagé et de bouleverser les escadrons prussiens et russes) s'opéra dans un espace de trois quarts de lieue, toujours en carré. Comme mes munitions diminuaient rapidement, et que je ne pouvais m'en procurer tant que je serais entouré, je demandai trois sous-officiers de bonne volonté pour tenter de pénétrer jusqu'à notre armée. Ils se présentèrent tous; j'en choisis trois des mieux montés. L'un de ces braves gens fut tué, les deux autres parvinrent jusqu'à la garde impériale.

Lorsque l'Empereur apprit que c'était moi qui me soutenais toujours sans assistance, avec résignation, contre tous les efforts des Russes, il parut très surpris, et dit au plus ancien de mes maréchaux-des-logis : « Com-« ment, il existe encore! chacun le disait « tué. — Non, sire (répondit mon sous-offi-« cier); il vit, et il a toute son artillerie ». A ce mot Napoléon, se tournant rapide-

ment vers le maréchal Bessières, lui dit :
« Courez vite à son secours avec toute ma
« garde! »

Aussitôt le maréchal vint me dégager. Dès que j'aperçus la Garde, je me déployai sur mon centre, en conservant ma dernière position, et je me mis en ligne pour soutenir par ma canonnade la charge de notre cavalerie : elle eut lieu avec un grand succès, et l'ennemi satisfait du mal qu'il avait causé à la 4e division dans cette journée, nous céda le champ de bataille, et me laissa tranquille dans la ligne que j'avais conservée.

A huit heures du soir l'Empereur vint parcourir notre ligne; il avait l'air affligé : après s'être informé de mes pertes, il me dit : « Tu « as bien souffert aujourd'hui, *mon vieux;* « mais tu as utilement et vaillamment servi « mes desseins ».

Sans me laisser répondre, il me demanda ce que j'étais dans la Légion d'honneur; je lui dis : « Sire, j'ai l'honneur d'être chevalier « et d'être un des plus anciens de l'ordre ». L'Empereur alors s'appuie du bras gauche sur mon épaule, détache de l'autre main la croix de sa boutonnière, et la place sur mon cœur.

Je voulus parler ; il ne me fut pas possible d'articuler un mot. Napoléon dit : « Mon « brave, je te fais officier de ma Légion d'honneur ».

Dès le lendemain 11, je reçus mon brevet et les récompenses que j'avais demandées pour mes intrépides artilleurs.

Dans la nuit je quittai ma position pour me porter sur ma droite et faire face à une grande forêt qui est de l'autre côté de la rivière. Cette forêt avait été remplie d'infanterie par l'ennemi ; il y avait aussi quelques pièces d'artillerie placées de manière à pouvoir nous prendre en flanc.

Pour éviter ce danger, je partis à la pointe du jour afin de m'emparer de la forêt ; je m'attendais à une vive résistance, bien que ma canonnade eût déjà démonté une partie des pièces prussiennes ; mais je reconnus que messieurs les alliés opéraient leur retraite. J'attribuai leur attitude déconcertée aux savantes manœuvres que l'Empereur avait faites la veille, lorsqu'ils étaient à maltraiter notre seule division à laquelle ils n'avaient pas, à beaucoup près, détruit autant de monde que je leur en avais tué.

Enfin, voyant nos adversaires nous céder le terrain, je les suivis de très près, achevant de les dérouter par mon feu continuel; j'occupai donc la forêt; nous entrâmes dans Heilsberg; et ces fameuses redoutes, prises d'abord par notre division, et reprises ensuite par les gardes russe et prussienne, furent abandonnées cette fois sans combat. Nous arrivâmes le soir devant Kœnigsberg; une petite action eut lieu en avant de la ville sur le point où je poussais l'ennemi, ce qui m'opposa un obstacle qu'il fallut aplanir; j'ouvris la tranchée et fis établir, dans la nuit du 11 au 12, des batteries de pièces de position et d'obusiers devant les murs de la ville. Mes dispositions étant terminées à la pointe du jour, je sommai le gouverneur de se rendre, l'avertissant que mon artillerie était prête à jouer, et que, si j'enlevais la place de vive force ou d'assaut, sa garnison serait passée au fil de l'épée. Cette ville importante se rendit, et fut occupée par notre armée; mais la garnison, quoique prisonnière, fut renvoyée peu de temps après.

Nous étions entrés le 12 dans Kœnigsberg; nous en partîmes le 13, marchand sur Friedland; le 14 nous y arrivâmes. L'ennemi, à la rapidité de notre marche, commençait à s'apercevoir que l'Empereur l'avait amusé, afin d'avoir le temps de réunir toutes nos forces vers ce point, qu'il avait sans doute choisi pour y donner la grande et savante bataille qui termina cette glorieuse campagne.

CHAPITRE IX

Bataille de Friedland (1).

Les armées prussienne et russe étaient en bataille devant Friedland, qu'elles mettaient à couvert. L'armée française, en colonne d'attaque, se déploya sur son centre dès le point du jour; après une forte canonnade et plusieurs charges de cavalerie, nous fîmes céder la première ligne des ennemis, qui, se retirant un peu (cette fausse retraite avait été calculée), se trouva soutenue à sa droite et à sa gauche par des redoutes formidables établies sur ses ailes. Des deux côtés la canonnade et la fusillade devinrent plus terribles; mais l'avantage que l'ennemi tirait de sa position était immense;

(1) Cette bataille eut lieu le 14 juin 1807.

BATAILLE DE FRIEDLAND.

il nous menaçait en outre de sa réserve, qu'il avait placée derrière son centre, et cette réserve était composée des deux gardes russe et prussienne, de leurs grenadiers et de leurs cuirassiers.

L'Empereur jugeant bien que la ligne ennemie, soutenue de la sorte, ne serait jamais enfoncée, imagina de réunir sur notre centre une force considérable en artillerie, et de l'opposer à cette réserve si elle voulait nous approcher. Le général Sénarmont reçut donc l'ordre de rassembler, à l'instant, cent cinquante bouches à feu pour en former une grande batterie ; et Napoléon lui enjoignit de me donner le commandement de l'artillerie à cheval. Nos pièces étaient à peine réunies que la réserve ennemie commença l'attaque avec son canon : après des efforts opiniâtres de part et d'autre sans aucun résultat, je vis notre cavalerie maltraitée, et le sort de la bataille compromis ; car la première ligne ennemie, toujours couverte par les redoutes de ses ailes, nous tenait en échec, et sa réserve formidable, libre de se porter sur nous, allait nécessairement faire pencher la balance en faveur

des Russes. Dans ce critique moment, je hasardai mes réflexions au général Sénarmont, et le priai, s'il les trouvait justes, de proposer à l'Empereur le mouvement hardi que je venais de combiner; je lui dis donc :
« Mon général, vous voyez ce bouquet de
« bois (garenne), un peu en arrière de
« nous, et dans lequel j'avais établi ma
« première position; je pense qu'il faut
« nous retirer par échelons à cette hau-
« teur; je remplirai ce bois de vos volti-
« geurs. Il y a en arrière de cette garenne
« un ravin praticable pour l'artillerie, il
« en fait le tour; si l'ennemi nous suit,
« comme il est à le présumer, je me re-
« tirerai avec mes huit batteries *impaires*,
« comme si j'allais me porter au galop sur
« l'un des côtés de cette garenne; vous me
« ferez suivre par deux des régiments de
« hussards qui sont sous vos ordres; pendant
« ce temps, je ferai le tour de ce petit bois
« en descendant par le ravin sans que l'en-
« nemi puisse m'apercevoir, et je me trou-
« verai en batterie du côté opposé à ce-
« lui où l'ennemi me croira; je le tiendrai
« alors en flanc, et dans dix minutes cette

« belle réserve, si audacieuse, sera rom-
« pue : une fois ébranlée par ma mitraille,
« faites charger sur toute la ligne, et la ba-
« taille est gagnée (1). »

Le brave général Sénarmont me répondit : « Peut-être avez-vous raison; je vais
« consulter Sa Majesté ». En achevant ces
mots il part, arrive près de l'Empereur,
lui raconte de point en point mon projet.
L'Empereur ne dit que ces mots : « Il n'y a
« pas de doute; le succès est certain; exé-
« cutez ».

Les ordres se donnent; le mouvement
commence; l'ennemi tombe dans le piège :
il nous charge; il est arrêté. L'engagement
devient plus fort que jamais; je profite de
ce moment d'acharnement pour exécuter
mon mouvement avec rapidité en ar-

---

(1) J'ai cru devoir rapporter les paroles du colonel Seruzier sans y faire aucun changement, j'aurais craint d'en affaiblir l'intérêt en n'en rendant que le sens ; mon but est de donner au lecteur la preuve du génie naturel de l'officier justement célèbre qui m'a confié la mise en ordre de ses Mémoires.

(*Note de l'Éditeur.*)

rière, et je finis de marcher vers ma gauche pour cacher mon mouvement à l'ennemi, qui m'observe : ensuite je file lestement dans mon ravin, et je me trouve (comme je l'avais prévu, et sans qu'on m'ait aperçu) en batterie du côté droit du bois dont j'avais fait le tour. Aussitôt je commence un feu d'enfer sur le flanc gauche de la réserve ennemie : ma mitraille, mes obus, les voltigeurs embusqués dans la garenne, les deux régiments de hussards qui paraissent avec moi déconcertent l'ennemi, et la charge générale convenue, s'exécutant alors sur toute la ligne, on vit les Prussiens et les Russes culbutés sans pouvoir se rallier sur aucun point : de ce moment la bataille fut pleinement décidée pour nous : Friedland, les bagages, l'artillerie des alliés, le champ de bataille couvert de morts, un nombre considérable de prisonniers, etc., tombèrent en notre pouvoir.

La journée de Friedland fut suivie d'une suspension d'armes et du traité de Tilsit. J'eus dans cette belle affaire l'honneur d'avoir calculé le mouvement qui nous fut si favorable, et l'honneur plus insigne encore d'avoir vu que le plus grand capitaine de notre siècle l'avait approuvé et m'avait choisi pour l'exécuter.

Le lendemain, à la revue, on fit l'éloge de ma présence d'esprit et de ma conduite; mais cette récompense honorable me fit moins de plaisir que la faveur de distribuer moi-même un grand nombre de décorations que j'obtins avec plusieurs avancements pour mes braves compagnons. Il y avait alors quatre jours que l'Empereur m'avait placé sa propre croix d'officier de la Légion sur le cœur (après la bataille d'Heilsberg); le lendemain il m'en avait signé le brevet, et quarante-huit heures après je reçus ma première dotation de deux mille francs. Napoléon avait toujours pensé à moi au milieu de si grands événements; je compte cela comme un titre de gloire (1).

A Friedland j'eus deux chevaux tués sous moi; je reçus quelques blessures peu graves à l'arme blanche; mais je fus renversé d'un coup de feu; la balle me traversa

---

(1) Napoléon avait coutume de dire, lorsqu'on lui faisait quelques objections : « Il n'y a que mon *vieux* Seru-

la poitrine, ce qui, joint aux deux coups de sabre d'Heilsberg, me força à garder le lit. M. Percy, chirurgien en chef de l'armée, eut ordre de venir me donner ses soins, qui eurent un plein succès. Ma maladie ne fut pas longue, grâce à ma bonne constitution et à ma tranquillité d'esprit; dès que j'eus pris neuf jours de repos à Tilsit, M. Percy continuant de me panser, je me hasardai de remonter à cheval, car je ne voulais pas quitter mon commandement; aussi le conservé-je toujours.

Pendant ma convalescence à Tilsit (1), le grand-duc Constantin, frère de l'empereur de Russie, demanda au grand-duc Joachim (Murat) quel était celui des généraux français qui avait si maltraité les gardes russe et prussienne aux deux batailles d'Heilsberg et de Friedland; on lui répondit que c'était le chef d'escadron Seruzier : alors

---

« zier qui ne trouve jamais rien d'impossible aux ordres
« que je donne ».

(*Note de l'Éditeur.*)

(1) C'est à Tilsit que l'entrevue des Empereurs eut lieu sur un radeau placé sur le Niémen.

le prince Constantin vint me faire une visite, et me dit des choses si flatteuses que je ne dois pas les répéter. Il ajouta que, si jamais le hasard faisait que j'eusse besoin de lui, il me priait de ne pas le ménager. Je ne croyais guère alors que ce hasard malheureux arriverait si promptement; les paroles du prince furent une prophétie, comme on le verra plus tard.

Avant de me quitter il me dit : « Un de « mes palefreniers vient de conduire deux « chevaux de l'Ukraine dans votre écurie; « ils viennent de la mienne; recevez-les de « ma part ». Je crus devoir accepter.

CHAPITRE X

Pilau. — Paix de Tilsit.

Tandis que le 4ᵉ corps (maréchal Soult) campait devant Kœnigsberg, la division Saint-Hilaire, qui ne s'arrêta point, s'était portée sur Pilau, port de mer sur la Baltique; cette ville, se regardant comme indépendante, n'avait point ouvert ses portes après l'entrevue des Empereurs.

Le général avait en conséquence fait sommation au commandant de la place ; et moi j'avais disposé mon artillerie en attendant la réponse. Notre parlementaire nous rapporta bientôt que le gouverneur voulait se défendre (1), et je commençai l'attaque par trois coups de canon de gros

(1) Ce brave gouverneur était Franc-Comtois d'origine; il avait pris du service chez l'étranger avant la révolution : il se conduisit avec une fermeté digne des plus grands éloges ; c'est une justice que je dois lui rendre ici.

calibre à mitraille sur les trois grand'gardes avancées, dont moitié demeura sur la place ; le reste s'enfuit en désordre vers les bastions, et se réfugia sous la protection de leurs batteries : deux heures de canonnade m'ayant suffi pour les démonter, je me mis à lancer quelques obus sur la ville. On me ripostait vivement, et nous perdions quelques hommes, lorsque le gouverneur (qui seul voulait résister contre le vœu des habitants) se vit obligé, pour apaiser les citadins, dont les maisons commençaient à brûler, de nous faire demander par un trompette la suspension du feu, invitant le général français à envoyer un officier de confiance pour entendre ses raisons.

Je fus très satisfait de cette proposition; la canonnade ne nous menait à rien; nous n'étions pas à l'abri des coups partis de la ville, et je n'avais pas de notions exactes sur les endroits forts ou faibles de la place ; de sorte que je me hâtai d'envoyer de mon côté un trompette pour répondre au sien. Le feu cessé, le colonel Berthezène (1) partit en

(1) Le colonel Berthezène commandait le 10ᵉ d'infanterie légère.

parlementaire par ordre du général Saint-Hilaire. On convint provisoirement que l'on ne tirerait plus sans se prévenir des deux côtés, et que le régiment du colonel Berthezène occuperait d'abord Alt-Pilau (1); enfin, que le général Saint-Hilaire, suivi seulement de deux aides de camp, d'un domestique et de deux ordonnances, se rendrait à huit heures du matin chez le gouverneur.

Toutes choses ainsi convenues, le grand désir que j'avais de découvrir dans les remparts de la ville un côté mal défendu, me suggéra l'idée de me mettre à la suite du général en uniforme de hussard et comme aide de camp. Le général y ayant consenti, nous partons. Le gouverneur reçoit le général Saint-Hilaire d'une manière distinguée. On entre en pourparlers : mon général demande qu'on rende la ville, le port et la citadelle aux Français ; il promet au gouverneur de le laisser sortir à la tête de sa garnison avec tous les honneurs de la guerre, et la permission de se retirer dans l'armée prussienne ; il ajoute que les préliminaires

(1) Faubourg de la ville.

de paix sont signés; que la paix définitive entre les deux empereurs de France et de Russie et le roi de Prusse l'est peut-être aussi, et finit par donner vingt-quatre heures au gouverneur pour se consulter.

Ce brave homme répondit sans s'émouvoir : « M. le général, je ne me rendrai ja-
« mais : que la paix soit ou non signée entre
« les puissances belligérantes, cela ne fait
« rien pour Pilau; cette ville est libre; et,
« bien qu'elle puisse succomber sous les
« efforts des troupes françaises, à présent
« qu'ils n'ont plus à vaincre les Prussiens et
« les Russes, je déclare que, tant que le con-
« seil de Pilau m'autorisera à défendre cette
« place, je tiendrai, et quand bien même
« elle succomberait, je me retirerais dans
« la citadelle avec mes braves ».

Lorsque le général français vit le gouverneur si décidé, il ne chercha plus à le gagner; mais il déclara qu'il voulait parler au conseil de régence : on nous dit qu'on allait le convoquer. Je m'approchai alors du gouverneur et lui demandai la permission de visiter le port en attendant le déjeuner qu'il nous avait offert; il me l'accorda pour trois quarts d'heure, temps nécessaire à la régence pour se réunir, et me donna un vieux maréchal des logis pour m'accompagner partout où je voudrais, excepté à la citadelle.

Je sortis, et, pour humaniser mon hussard, je lui proposai d'abord le *schnaps*, qu'il accepta de bon cœur. En buvant je lui demandai en allemand s'il y avait du bon vin dans la ville; je lui dis qu'on m'avait assuré chez le gouverneur que j'en trouverais du *recht-gut* (*fort bon*) du côté de la citadelle. Mon hussard donnant dans le panneau, me répondit : « Oui, oui, je sais bien, « mais il est cher ». C'est égal, repris-je, et je tirai de ma poche quelque petite monnaie, que je déclarai vouloir boire avec lui. Voilà mon vieil ivrogne entièrement gagné; je me fais conduire vers la citadelle; là nous nous occupons, lui à boire, moi à observer de tous mes yeux : de temps à autre je lui versais des *vieder-komm* (*grand verre*), qu'il avalait d'un seul trait; en même temps je feignais d'être bien fâché de ne pouvoir lui tenir tête, attendu que je devais me ménager pour pouvoir faire honneur au déjeuner du commandant de la place.

Cependant mon Prussien, à force de boire, entra en bonne humeur : je le mis sur le chapitre de ses bonnes fortunes; je lui demandai si les officiers de la garnison étaient galants près des dames de la ville; et comme il répondait à toutes mes questions en faisant l'état des dames qui avaient des soupirants, il me passa la revue de tous les officiers, et m'apprit, sans s'en douter, le nombre des compagnies et les forces de la garnison.

Pendant notre promenade j'avais reconnu deux points susceptibles d'attaque : en sortant de la taverne je fis passer mon homme par les remparts; arrivé devant celui des deux endroits qui me semblait le plus faible, je m'arrêtai en feignant un besoin, et, sous prétexte de me cacher aux passants, je fis placer mon bon Allemand devant moi, afin d'examiner les localités plus à mon aise.

Je revins fort satisfait chez le gouverneur : en entrant je jetai un coup d'œil expressif à mon général qui ne me comprit pas d'abord; mais, quand le gouverneur me demanda comment j'avais trouvé la ville et le port, et que je lui dis que j'en étais fort satisfait; que *j'y avais remarqué des choses qui méritaient bien d'être vues*, alors mon général comprit le vrai sens de ma réponse; de sorte qu'au lieu d'écouter les observations du conseil de régence, qui paraissait disposé à suivre l'impulsion de son gouverneur, et vouloir résister, le brave général Saint-Hilaire parla avec une fermeté qui s'augmenta de plus en plus par mes signes, et finit par dire : M. le gouverneur a refusé vingt-quatre heures que je lui donnais pour se consulter; je n'en offre plus que douze maintenant.

La régence déconcertée par cette subite et nouvelle sommation, le fut bien davantage un moment après : l'un de ses membres, qui venait de sortir, vint droit à moi en rouvrant la porte, et m'adressant la parole, s'écria, au grand étonnement de tout le monde : « Donnez-moi la main, M. le co-
« lonel; j'aime mieux vous avoir pour ami
« que pour ennemi ».

Chacun tourne les regards de mon côté. Je lui dis froidement : « Il ne tiendra qu'à

« vous, Monsieur ; acceptez ce que le géné-
« ral vous propose : si vous refusez les offres
« qu'il vous fait par humanité, vous perdez
« vos habitations, vos biens et vos familles ».
Après cette réponse, et au nom de *colonel*
qui m'avait été donné, grande rumeur dans
le conseil : « Il n'est plus temps de rien cacher
« ici (dit en se tournant vers ses collègues celui qui m'avait adressé la parole) : « M. le co-
« lonel est le commandant de l'artillerie qui
« nous a si maltraités hier : il a vu nos fortifi-
« cations... » très en détail (ajoutai-je). « Pour
« l'intérêt de la ville et de ses habitants (con-
« tinua l'interlocuteur) je vote pour qu'elle
« soit remise aux Français, et j'implore
« pour nous tous la clémence de M. le gé-
« néral ».

Le conseil était unanimement de cet avis,
excepté le gouverneur, qui ne voulut point
de la faveur qu'on lui offrait de se retirer
dans l'armée prussienne avec sa garnison.
Opiniâtre et brave comme un vrai Franc-
Comtois, il déclara qu'il s'enfermerait dans
la citadelle avec ceux qui voudraient l'y
suivre, si l'on voulait rendre la place. Il
tint sa promesse, et s'y retira après qu'on eut

décidé que la ville serait occupée par les troupes françaises en raison de sa population.

Le lendemain la chose s'exécuta suivant la décision du conseil de régence : le 10ᵉ d'infanterie légère et les deux pièces d'artillerie à cheval, qui étaient dans Alt-Pilau, sortirent du faubourg et entrèrent dans la place, dont nous prîmes possession, tandis que le 14ᵉ d'infanterie légère remplaçait le 10ᵉ dans Alt-Pilau (1).

Tel fut le résultat de ma petite ruse, qui ne me donna pas beaucoup de peine, comme on le voit, mais qui cependant rendit un véritable service, en évitant un combat, et peut-être l'assaut à la ville.

J'ai cru pouvoir placer cette aventure dans

---

(1) La ville de Pilau est bien fortifiée; elle est située à la droite et à l'extrémité d'une langue de terre sablonneuse, avec quelques belles forêts le long de la Baltique. Au nord, est la petite ville de Fillden-Howen; à sa droite, à l'ouest, est la Baltique, et à sa gauche, à l'est, le Frisch-Haff. Le beau port de Pilau rend cette ville très commerçante; sa citadelle, bâtie d'après le système de Vauban, est très forte.

(*Note de l'Éditeur.*)

mes Mémoires, bien qu'elle n'ait rien de plus extraordinaire que mille autres du même genre ; mais j'avoue que le souvenir de ce succès facile m'a toujours agréablement flatté, et je n'ai pas résisté au plaisir de le retracer dans ces notes, qui ne devaient jamais être connues que de mes enfants et de mes amis.

Pendant que l'on traitait de la paix je travaillais sans relâche aux préparatifs du siège de la citadelle de Pilau ; j'étais piqué au vif contre ce diable de gouverneur : je m'occupai, dans le plus grand secret possible, de réunir les bois nécessaires pour la formation de gabions, saucissons, etc., etc. ; je mis mes ateliers en activité, et commençai par ouvrir la tranchée à deux endroits différents. Ayant soin de me montrer tous les jours plusieurs fois à Pilau, l'ennemi était très loin de penser que je faisais mes préparatifs pendant la nuit. Dès la première, mes *boyaux* furent assez prolongés pour établir mes batteries ; la seconde nuit, elles furent toutes construites ; la troisième, mes platesformes en état, ainsi que mes canons, mes mortiers, mes obusiers, etc. ; tout enfin était

prêt à jouer. Le gouverneur, qui ne dormait pas plus que moi, avait conçu des soupçons dès la seconde nuit; il me demanda ce que je faisais; que signifiaient les mouvements qu'il avait aperçus, et quels étaient les ouvrages que j'achevais d'élever. Mon général étant absent, je répondis : « M. le gouverneur, vous
« vous êtes fortifié à votre aise dans votre
« citadelle en vous y retirant; eh bien, moi,
« par prudence, je fais un camp retran-
« ché ».

Quoi qu'il en soit, ces préparatifs ne me servirent à rien, et le gouverneur recueillit le fruit de sa belle défense, car au moment de faire jouer mes batteries je reçus la nouvelle de la paix signée et ratifiée, et l'ordre de brûler mes ouvrages et d'embarquer mon artillerie. Nous évacuâmes donc Pilau, et nous nous rendîmes à Kœnigsberg, pour attendre de nouveaux ordres.

CHAPITRE XI

Entrevue d'Erfurt.

Ici commence un intervalle de repos. Le 4ᵉ corps d'armée partit de Kœnisberg, prit des cantonnements sur la rive droite de la Vistule et y passa l'hiver.

En février 1808 la division Saint-Hilaire fut envoyée à Stettin (sur l'Oder), et mon artillerie fut cantonnée aux environs de Prenzlow (dans l'Ucker-Mark). Je m'aperçus que les pauvres cultivateurs chez lesquels mes canonniers étaient logés avaient beaucoup souffert et éprouvé de grandes pertes par l'effet des réquisitions et des fournitures de chevaux; je fis mes efforts pour les dédommager autant que possible; dans cette intention, j'ordonnai que tous les jours jusqu'à midi la moitié des chevaux du train d'artillerie seraient employés (conduits par mes soldats) aux différents travaux d'agriculture des bons paysans qui les logeaient, et que l'autre moitié continuerait les mêmes travaux le reste de la journée, de manière que les mêmes chevaux et les mêmes hommes ne travaillant que six heures sur vingt-quatre, il n'en résultât point de fatigue pour eux. Cet ordre fut constamment suivi depuis le 1er avril, excepté les temps de pluie, pendant lesquels je suspendais le travail.

Je ne puis dire le bien qui résulta de cet arrangement : nos chevaux, bien soignés et parfaitement nourris, ne faisant qu'un exercice modéré dans les champs, devinrent beaux et bien portants; jamais artillerie ne fut mieux tenue, j'en suis sûr. Quant à mes canonniers, comme ils se rendaient utiles chez leurs hôtes, ils y étaient traités comme dans leurs familles, considérés comme fils de la maison ; chacun leur donnait des chemises, des chaussures, de légers vêtements de toile, etc.; je n'ose même pas assurer que les jeunes filles de chaque ferme n'aient pas donné quelque chose de plus à mes vieilles moustaches.

On nous avait pris tellement en amitié dans le pays, que, lorsque la division Saint-Hilaire vint camper le 1er juin à une lieue et demie de Stettin, les fermiers, pensant qu'ils allaient nous perdre, me demandèrent la permission de visiter leurs bons amis (mes canonniers), et de leur porter, au camp que nous allions établir, les choses dont ils pourraient manquer. Je les remerciai, et les rassurai en leur apprenant que mon artillerie à pied seule se rendrait au camp; mais que mon artillerie légère resterait dans la province d'Ucker-Mark, qui m'était conservée pour cantonnement, afin d'y faire subsister mes hommes et mes chevaux; je leur promis que mes soldats continueraient à leur rendre service comme auparavant, et ces braves gens se retirèrent en me comblant de bénédictions.

Le 17 août, au matin, notre division partit du camp de Stettin pour aller occuper celui de Charlottembourg, près Berlin. Nous allions remplacer le 1er corps d'armée (maréchal Victor) qui rentrait en France.

Dès que nous fûmes établis au camp de Charlottembourg les bourgmestres des environs, dans tous les lieux où mes hommes à cheval étaient répartis, vinrent me faire la demande instante de la même faveur que celle que j'avais accordée aux fermiers de l'Ucker-Mark (le bruit s'en était répandu). Je répondis que telle était mon intention, et que le général voulait que le soldat et l'habitant s'entr'aidassent, et ne fissent qu'une même famille : bref, nous fûmes aussi bien dans ces nouveaux cantonnements que dans les anciens. La beauté constante des équipages de mon régiment me valut dans la suite des éloges qui me firent plaisir, parce qu'ils étaient mérités.

En reconnaissant mes cantonnements j'avais trouvé, à cinq quarts de lieue de Spandaw, un terrain propre à établir un polygone; je désirais depuis longtemps cette occasion, et je la saisis, tant pour l'instruction de mes artilleurs que pour la mienne.

Ayant donc obtenu la permission de construire ces ouvrages, j'y fis mettre la main sans délai; quinze jours après nous avions un beau polygone, une butte, des fortifications de deux manières, etc.

Nous commençâmes nos écoles le 17 juillet; elles eurent lieu tous les deux jours jusqu'au 10 octobre suivant, époque où la saison, devenue trop rude, força la division Saint-Hilaire à rentrer dans Berlin.

Le maréchal Soult nous avait alors quittés pour aller en Espagne; il fut remplacé dans le commandement du 4ᵉ corps d'armée par le maréchal Masséna.

Tandis que nous occupions ainsi nos loisirs d'une matière utile, je reçus un ordre du major général, qui m'enjoignait de me rendre à Erfurt. Je partis aussitôt; c'était en septembre 1808.

Les deux empereurs de France et de Russie étaient ensemble dans cette ville (1); chaque jour on passait quelque revue, et l'on m'avait mandé pour prendre le commandement de l'artillerie à cheval, qui devait manœuvrer devant leurs majestés.

Quelques jours après mon arrivée, étant à une grande manœuvre où je faisais exé-

---

(1) Erfurt réunissait alors non seulement les cours de France et de Russie, mais encore le roi de Prusse, et tous les rois et princes de la Confédération du Rhin.

cuter quelques évolutions devant l'Empereur, le duc Constantin, qui avait demandé de mes nouvelles, arriva au grand galop vers moi en me souhaitant le bonjour. Il me pria très poliment ensuite de vouloir bien lui céder le commandement de l'une de mes batteries. Je répondis au prince qu'un pareil poste n'était pas digne de lui ; mais, comme il insistait, je ne pus me dispenser d'envoyer mon adjudant-major auprès du major général pour le prévenir de ce qui m'arrivait.

Le major général (prince Berthier) dit alors à Napoléon : « Sire, le frère du czar
« demande à faire manœuvrer l'une des
« batteries de Seruzier ; il me semble qu'il
« est convenable qu'il cède tout à fait son
« commandement au prince, afin de lui
« faire plaisir ». « Vous plaisantez ! dit Napoléon ; c'est assez que le prince Cons« tantin commande une des compagnies de
« Seruzier ; il faut que le vieux *père aux*
« *boulets* (1) garde le commandement en

---

(1) L'Empereur appelait quelquefois Seruzier *Jupiter-Moustache;* mais les soldats, qui ne connaissaient pas

« chef. » L'ordre étant précis, le major général me le fit dire; alors, ne pouvant faire davantage pour le grand-duc Constantin, je lui offris ma seconde batterie, à la tête de laquelle il se plaça, ayant à côté de lui M. Paulinier, officier d'un mérite distingué, et capitaine de la compagnie qui servait cette seconde batterie.

Pendant la revue nous exécutâmes un grand nombre de manœuvres, et je fus assez content du prince, qui prenait les ordres de moi (1).

Jupiter, lui avaient donné pour sobriquet celui de *père aux boulets*, dont l'Empereur se servit souvent par la suite, ainsi que celui de *mon vieux*. (Voyez au bas de la page 55.)

(*Note de l'Éditeur.*)

(1) Si le lecteur réfléchit que le colonel Seruzier fut choisi par l'empereur Napoléon pour venir à Erfurt donner une idée de l'artillerie française à l'Empereur de Russie, il pourra juger ce dont il était capable; et lorsque le grand-duc Constantin choisit le colonel Seruzier pour commander sous ses ordres, le lecteur pourra également se convaincre de la haute opinion que le prince en avait conçu : ici le mérite réel de l'homme fut senti, apprécié et récompensé par ceux

Quelques heures après nous avons défilé par batterie devant leurs majestés, moi à la tête de la mienne, et le grand-duc Constantin, comme l'un de mes capitaines, à la tête de la sienne. Quand tout fut fini, il s'approcha de moi et rendit au capitaine Paulinier le commandement de sa compagnie; en même temps, il m'engagea à dîner, ce que j'acceptai. J'ai eu lieu de me féliciter plus tard d'avoir eu le bonheur de connaître ce prince, qui possède une âme très passionnée. Des gens qui ne l'ont pas vu de si près que moi lui reprochent un caractère violent et inflexible; je ne puis parler que de ce que je sais et de ce que j'ai vu, et je me plais à dire que je n'eus alors qu'à me louer de lui, et que plus tard je lui dus la vie.

L'honneur que je reçus ce jour-là me flatta beaucoup, parce que c'était un hommage rendu à l'artillerie française; cependant je n'aurais pas rapporté ce fait dans

---

qui tenaient entre leurs mains les destinées européennes.

(*Note de l'Éditeur.*)

mes Mémoires si je n'eusse été obligé de donner la raison des égards que le prince Constantin eut pour moi dans une circonstance plus importante et bien plus malheureuse.

Revenons à nos opérations militaires. Dans le mois de novembre de la même année les divisions du 4e corps rentrèrent en France ; celle à laquelle j'étais attaché (Saint-Hilaire) fut renforcée en infanterie du 76e et du 57e de ligne, et du 5e régiment d'artillerie à cheval, que je commandais comme le plus ancien chef d'escadron.

Dans une grande revue qui eut lieu à Berlin, le maréchal Davout, commandant en chef l'armée, dit à notre division (1) : « Brave
« division Saint-Hilaire, l'Empereur vous
« laisse en Prusse pour être les remparts vi-
« vants de la ligne de l'Oder, et pour occuper
« les places situées sur ses rives : jurez-moi de
« les défendre à votre manière accoutumée ».
Officiers et soldats répondirent par une acclamation unanime, et notre général ajouta au

(1) Le général Saint-Hilaire était gouverneur de Berlin.

nom de sa division : « Je jure que nous nous « ensevelirons tous sous leurs débris plutôt « que de les rendre sans ordre! »

Nous partîmes de Berlin le 20 novembre, afin de prendre possession de la ligne en question; nous occupâmes de suite toutes les places importantes, telles que celles de Glogaw, Custrin, où fut placé le quartier général, Anclam, Greiffswald, Barth et l'île de Rugen.

Une très grande partie de mon artillerie étant répartie dans ces différentes places, j'établis mon quartier dans la petite ville de Dam, située sur la rive droite de l'Oder, à deux lieues de Stettin, avec une tête de pont. Une compagnie de canonniers à pied et une autre de canonniers à cheval y fut laissée par moi avant mon départ pour Greiffswald (Poméranie suédoise); j'y plaçai aussi mon parc d'artillerie, gardant avec moi les artilleurs à pied, et seulement une compagnie à cheval pour le service de ma correspondance; le reste de ma troupe légère demeura cantonné dans la province, et, dans cette position tranquille, nous passâmes le mois de décembre jusqu'au 1er janvier 1809.

CHAPITRE XII

Insurrection du major Schill.
Sa mort.

Dans les premiers jours de janvier notre tranquillité fut troublée, et d'une manière fort alarmante : on m'instruisit que plusieurs corps d'insurgés ravageaient la Marche prussienne en deçà de la Poméranie suédoise ; j'en rendis compte au général Saint-Hilaire, et je reçus de lui l'ordre de prendre toutes les mesures que je croirais nécessaires afin de découvrir les chefs particuliers ou le chef principal de ces insurgés. Je fis plusieurs courses inutiles à ce sujet ; mais enfin, m'étant rendu dans la province de la Marche, j'appris que toutes ces dévastations étaient commises par le major Schill, homme d'un courage et d'une adresse extraordinaires, qui s'était mis à la tête des partisans de tout le pays.

Après avoir recueilli tous les renseignements possibles sur les forces des insurgés, qui pouvaient s'élever à cinq ou six mille hommes bien armés, mais assez mal équipés en habillements, je fis mes dispositions particulières, et j'écrivis mon projet au général, en lui demandant quelques détachements de cavalerie légère pour les réunir à la mienne, afin de dissoudre ces rassemblements : en attendant sa réponse à ma dépêche je retournai à Greiffswald.

Dans cette ville, je reçus bientôt après deux escadrons de hussards des 11e et 12e régiments. En m'envoyant ce renfort on m'ordonnait d'y joindre mes cavaliers, et d'aller m'établir dans la province de la Marche pour défaire le parti qui la ravageait.

Je partis; et quinze jours après mon arrivée la province était tout à fait délivrée de ces pillards. Les paysans eux-mêmes nous prêtaient main-forte; plusieurs des brigands furent tués, un plus grand nombre fut fait prisonnier; l'un d'eux m'apprit que Schill n'était pas loin, et qu'il devait bientôt réunir de nouveau ses hommes, auxquels il avait donné de l'argent pour subsister chez eux pendant deux mois, de sorte qu'aussitôt que les Français évacueraient la ligne de l'Oder, ils devaient se réunir à un endroit désigné pour recommencer leurs courses. De plus, le prisonnier qui me parlait ajouta que le départ des Français devait avoir lieu dans le courant du mois de mars; enfin, que le lieu en question où le grand rassemblement des partisans de Schill devait se faire était à peu de distance de Stralsund.

Je revins à Greiffswald avec dix escadrons; j'appris là que Schill était avec quinze cents hommes de l'une de ses divisions (1) dans le bourg de Schnist. Je donnai mes ordres, et le lendemain je me mis en marche pour ce bourg, qui était situé à trois lieues de l'endroit où je logeais; à deux heures du matin j'arrive, je cerne le bourg avec six escadrons, j'y pénètre avec quatre autres; il faisait à peine jour; j'avais ordonné de sabrer tout homme qui se présenterait armé; cinq cents des brigands de

(1) Schill a eu jusqu'à douze mille hommes sous ses ordres pendant quelques jours.

Schill furent tués; les mille autres se rendirent prisonniers. Aussitôt je fis faire les perquisitions les plus sévères pour trouver leur intrépide chef, que je savais être à la tête de cette troupe; mais tous mes soins furent inutiles; je ne pus en venir à bout; cependant je ne le manquai pas de beaucoup; car ayant remarqué le trouble du propriétaire de l'une des plus belles maisons du lieu, je conçus des soupçons, et me fis ouvrir la porte.

A force de chercher je trouvai dans une pièce très malpropre (qui lui servait de cuisine) un coffre-fort bien cerclé, et propre à recéler des effets précieux, comme argent et papiers. Je remarquai aussi que les fenêtres de cette chambre étaient ouvertes, et qu'elles donnaient sur le jardin; j'en conclus que, si Schill s'était caché là, sans doute il s'était sauvé sans peine avec quelque déguisement; alors je dis au maître du logis que je voulais absolument voir l'intérieur du coffre. Il s'excusa maladroitement, et finit par m'assurer qu'il en avait perdu la clef. Aussitôt je fis saisir cet homme, recommandant à mes soldats de ne lui faire subir aucun mauvais traitement; et je me disposai à l'envoyer par eau à Stettin, en remontant l'Oder, avec les mille prisonniers que j'avais faits. Le pauvre diable de propriétaire se mit alors à me supplier de le laisser aller, me jurant que le coffre avait été porté dans sa maison sans son consentement, et qu'on l'avait placé de force chez lui à l'instant où j'étais entré au galop dans le bourg. Enfin, il employa tous les moyens possibles pour être relâché, jusqu'à se faire réclamer par les magistrats, qui répondirent de lui.

Malgré la mauvaise foi visible de cet homme, et les réponses opposées qu'il m'avait faites, je consentis à le laisser libre à la prière des magistrats, à la condition que deux d'entre eux me suivraient comme otages; mais ces messieurs ne jugèrent pas à propos d'accepter; et moi, fatigué de ces subterfuges, et pensant que le coffre mystérieux pouvait renfermer quelque objet appartenant à Schill, j'ordonnai de faire sauter le couvercle.

Je me félicitai de cette mesure, qui me donna les éclaircissements que je pouvais souhaiter : en effet, je trouvai dans ce coffre un bordereau de compte signé Schill, avec une liste de tous ses officiers et sous-officiers. Je reconnus qu'ils étaient presque tous Prussiens, découverte importante pour nous en ce moment. Je trouvai en outre environ cinq mille florins (argent d'Autriche) en pièces de 17 sols et demi, frappées à neuf. Je m'assurai que dans plusieurs villes de pareils dépôts d'argent avaient été faits au nom de Schill, et toujours venant d'Autriche. Je saisis le tout, pour le garder en dépôt, et en rendre compte à mon général.

De retour à Greiffswald, le particulier chez lequel le coffre avait été trouvé fut relâché; mais on lui fit payer auparavant une forte somme.

Cependant les avis que j'avais recueillis sur le fameux chef de partisans m'inquiétaient; je savais (comme je l'ai dit plus haut) que dans le commencement de mars (époque à laquelle nous devions nous retirer en Autriche) Schill devait reparaître à la tête de ses partisans.

Je n'avais pas manqué de faire surveiller exactement tous les individus suspects, et mes émissaires m'avertirent que Schill commençait à reparaître ; je me mis aussitôt à préparer les moyens de répression les plus efficaces : mais tandis que je mettais le plus d'activité dans ces apprêts, je reçus un ordre du lieutenant général Saint-Hilaire, qui m'enjoignait de me rendre en poste à Stettin, près de lui. J'obéis, et je partis le 16 mars.

Le général m'attendait avec impatience : nous nous entretînmes longtemps de Schill et de notre prochain départ pour l'Autriche ; ensuite, il me remit le commandement de toutes les troupes du génie et d'artillerie qui se trouvaient sur la ligne de l'Oder, laquelle devait être gardée par nos vétérans. Il me remit également un état exact de tous les détachements de ces deux armes, afin de les organiser en bataillons et en escadrons. Tous les dépôts qui se trouvaient depuis Stettin jusqu'à l'île de Rugen avaient ordre de se réunir le 19 à Greiffswald, et le 22 à Ferdinand-Owen ; les détachements de Dam, Stettin, et ceux depuis cette ville jusqu'à Glogaw, devaient se trouver à mon passage à Prentzlow. Enfin, aussitôt mon organisation en bataillons et en escadrons terminée, je devais en faire un rapport au général, qui, depuis Prentzlow jusqu'en Autriche, devait me précéder de deux marches chaque jour, et laisser entre lui et moi un poste de correspondance.

Telles étaient les fonctions auxquelles j'étais appelé. Je témoignai à mon digne général toute ma gratitude pour la preuve de confiance dont il m'honorait; cependant je ne pus m'empêcher de lui laisser voir tout mon regret de ne pouvoir, avant mon départ, jouer un tour à Schill : je détaillai tous mes plans contre lui; je fis voir combien il était impolitique de laisser en arrière un homme aussi dangereux par son audace que puissant par l'or de l'Autriche et de l'Angleterre. Mon général convint de toutes mes observations; mais il me dit qu'il ne savait comment s'y prendre, et qu'il n'était pas possible de retarder le départ ; cependant il ajouta : « Je vous laisse maître de tout ; voyez
« si vous trouvez les moyens de faire tomber
« cet homme dans quelque embuscade : faites
« ce que vous jugerez à propos avec toutes
« les forces que je mets à votre disposition ;
« seulement soyez rendu le 22 à Ferdinand-
« Owen ».

Je promis au général de lui obéir, l'assurant que le temps qu'il m'accordait était suffisant pour l'exécution de mes projets ; alors je le quittai, après m'être muni d'un ordre pour le commandant de Stralsund, ordre qui lui enjoignait de se concerter avec moi, et de seconder mes opérations secrètes.

De retour à Greiffswald, je dépêchai mes officiers en poste sur tous les points où les dépôts étaient placés. Le 17, l'infanterie se mit en marche ; le 18, l'artillerie et les dépôts de l'arme du génie, qui étaient à Barth et dans l'île de Rugen, se réunirent à Stralsund ; et le 19 je passai le tout en revue à Greiffswald.

Pendant ces marches et ces préparatifs d'organisation, que je faisais avec une grande apparence de tranquillité, je n'oubliais pas d'observer Schill ; mon intention était de ne l'attaquer qu'au moment de mon départ, afin qu'il eût moins de défiance, et pour le surprendre plus sûrement.

Mes organisations diverses étant terminées, et le tableau de tous mes bataillons et escadrons remis à chacun des commandants respectifs, je me mis en marche le 20 mars à la pointe du jour. La veille j'avais réuni mes dix escadrons d'artillerie légère, mes chasseurs et mes hussards, à trois lieues de Greiffswald, à l'ouest, et à environ quatre lieues de Stralsund. Cette dernière ville était fort affaiblie par le départ continuel des troupes qui en sortaient depuis trois jours, et je n'ignorais pas que Schill avait conçu le hardi projet de s'y établir en s'en rendant maître. Pour augmenter sa confiance je me gardai bien d'y laisser des forces suffisantes pour la défendre.

J'avais eu soin aussi de rassembler un assez grand nombre de voitures à Greiffswald et à Anklam. Dès que mon artillerie fut en marche, escortée de deux bataillons de sapeurs et de canonniers, je fis monter douze compagnies choisies sur la moitié de mes voitures, et je tournai rapidement sur Stralsund en me dirigeant à l'ouest, afin de passer par l'endroit où j'avais ma cavalerie. A la vue de la ville je fis halte, et me tins en repos, attendant que le pillage des brigands de Schill me donnât le prétexte que j'attendais pour y rentrer.

A dix heures du matin la nouvelle de l'entrée des hommes de Schill dans Stralsund me parvint. Il était beaucoup plus en force que la garnison, et ne doutait pas de s'en rendre maître, ainsi que de la ville; mais il avait compté sans moi. Depuis six semaines j'épiais ses démarches, et lui les miennes ; ce jour-là je fis tomber dans un piège grossier cet homme si rusé, qui s'était vanté de m'avoir mort ou vif avant mon départ pour l'Autriche.

Dès que je fus certain de l'arrivée de mon adversaire à Stralsund, je me mis en marche avec mes forces pour cerner la place, m'y introduire, et sabrer comme j'avais fait à l'affaire du bourg, où j'avais failli le prendre : mais comme il aurait pu m'échapper, je résolus de le faire suivre afin de pouvoir l'enlever ou le tuer pendant le combat. Pour en venir à bout j'ordonnai à mon vieux brigadier Beckmann, qui parlait fort bien l'allemand, de prendre un costume de paysan du pays; mon espion à Stralsund (celui qui venait de me donner ces derniers avis sur l'ennemi) avait un vêtement pareil. Je lui fis me dépeindre Schill, et quand je fus certain qu'il le connaissait bien, je le chargeai simplement de ne pas le perdre de vue avec Beckmann, auquel je dis un mot à l'oreille. Beckmann me jura que Schill *ne verrait pas le lendemain* s'il était dans la ville. Nous convînmes du signal qu'il me donnerait après qu'il aurait fait son coup, afin d'entrer de toutes parts dans la place, et de faire main basse sur les partisans, privés de leur redoutable chef.

En prenant ce parti je me reposais sur la situation des troupes de Schill; elles étaient dans un désordre et une indiscipline extrêmes : les habitants de Stralsund étaient dans la dernière consternation, ne doutant pas qu'ils ne fussent mis au pillage de la manière la plus inhumaine par ces brigands.

Aussitôt que mes deux hommes déguisés m'eurent quitté, je donnai mes ordres à mon infanterie et à mes escadrons, recommandant à ces derniers le plus grand silence en pénétrant dans la ville. Ils devaient attendre jusqu'à ce qu'ils entendissent deux coups de feu ; au second ils devaient faire main basse, et sabrer sans pitié tout ce qui serait armé, jusqu'à ce que je fisse sonner la retraite, et alors marcher rapidement vers la grande place, où ils me trouveraient à la tête de l'infanterie rangée en bataille.

Mes instructions données, j'attendis avec une anxiété difficile à peindre le coup de fusil par lequel Beckmann devait m'avertir (selon nos conventions). Enfin, au bout d'un quart d'heure il se fit entendre, et moi je lâchai le second pour donner le signal à mes cavaliers.

Toute la troupe de Schill fut alors massacrée; une demi-heure de combat suffit. La promptitude de l'exécution, et la surprise dans laquelle notre subite apparition jeta les partisans, leur fit sur-le-champ abandonner le pillage. Le bruit de la mort de Schill, se répandant en même temps parmi les siens, y jeta l'épouvante et le désespoir. Cependant les brigands venaient d'égorger une demi-compagnie de canonniers sur leurs pièces, que l'on n'avait pas eu le temps de faire sortir de la ville, le commandant ayant été forcé de la quitter à la hâte, et de se replier sur moi à l'instant où les bandes de partisans entraient dans Stralsund.

Voyant l'affaire décidée en notre faveur,

je rappelai mes cavaliers, et fis sonner la retraite, afin d'éviter les accidents inséparables d'une pareille mêlée, où souvent les innocents peuvent être confondus avec les coupables (les habitants s'armant pour se défendre contre les partisans, pouvaient être pris pour des partisans eux-mêmes). Je me rendis sur la place, où nous nous trouvâmes tous réunis ; la garnison reprit ses postes et l'ordre fut rétabli.

Beckmann alors s'approche de moi, et me demanda si je voulais voir Schill. Je suivis mon vieux brigadier, qui me conduisit à l'extrémité de la place, où ce major prussien, fameux par ses brigandages, était étendu raide mort. Beckmann, suivant mes ordres, avait saisi le moment où il donnait le signal du pillage à ses hommes, parmi lesquels il s'était mêlé ; alors, entrant dans un café devant lequel Schill se promenait, il avait relevé le fusil de l'un des bandits qui l'avait mis à terre pour piller, avait ajusté Schill à dix pas, et l'avait jeté sans mouvement sur la place.

J'ordonnai les funérailles de cet audacieux brigand, et en attendant je fis porter le corps à son ancien logement, où je me rendis. On trouva sur lui trois lettres dans un portefeuille, plusieurs billets de banque, et dans la maison deux fourgons à lui; l'un ne contenait que des provisions de bouche; l'autre était chargé de ses papiers, d'une forte somme en argent d'Autriche, et d'un coffret cerclé en fer, rempli d'or d'Angleterre.

Cependant les magistrats de Stralsund se rendirent chez moi. Schill avait frappé sur la ville une contribution de cent mille francs; ils étaient déjà versés, et on me les apportait. Je les refusai, leur disant que j'espérais qu'ils ne me confondaient pas avec Schill; mais, comme ils insistaient beaucoup, je dis au bourgmestre : « Monsieur, je recevrai cet « argent à une condition : c'est que nous en « ferons sur-le-champ la distribution aux pau- « vres de la ville ». Ma proposition fut acceptée; mais les magistrats voulurent ajouter dix mille francs à cette somme, afin que ma troupe eût au moins un souvenir du service qu'elle venait de leur rendre. En effet, ce service était grand; sans moi la ville de Stralsund eût été certainement pillée. Je crus donc devoir accepter les dix mille francs, et j'en fis à l'instant la distribution à mes soldats.

Comme rien ne me retenait plus à Stralsund, je ne pris que le temps nécessaire pour reposer ma troupe; et, remettant aussitôt après mes douze compagnies dans les voitures qui les avaient amenées, je repartis avec ma cavalerie et les deux fourgons de Schill.

Le lendemain 21 je quittai Greiffswald avec les voitures qui m'attendaient à Anklam, et je me trouvai le 22 à Ferdinand-Oven, suivant la promesse que j'en avais faite au général Saint-Hilaire.

CHAPITRE XIII

Nouvelle guerre avec l'Autriche.

L'organisation dont j'étais chargé s'achevait en route ; et le 26 j'arrivai à Prentzlow avec cinq bataillons, dont trois d'artillerie, deux de mineurs et de sapeurs, et dix escadrons de cavalerie, non compris les quatre escadrons de chasseurs et de hussards qui devaient retourner à leurs régiments respectifs, et qui me quittèrent le 27 après la revue que je passai des différents corps nouvellement organisés.

Ma colonne d'artillerie était donc composée de huit batteries de campagne, servies par huit compagnies du 5ᵉ régiment d'artillerie à pied ; de sept bataillons de canonniers à pied, dont deux de mineurs et de sapeurs ; enfin de huit escadrons d'artilleurs à cheval. Cette troupe formidable, nommée la colonne des grenadiers, à revers bleu-noir, doublure rouge, fut désignée par les soldats sous le nom de *la colonne du père aux boulets.*

Jusqu'au 28 je continuai ma marche tranquillement, ne soupçonnant rien de nouveau, et me croyant en pleine paix ; mais un officier d'état-major me rejoignit en route ; il était envoyé par mon général, pour m'annoncer que la guerre était déclarée entre l'Autriche et la France ; que les Autrichiens avaient passé l'Inn, qu'il était urgent de me tenir sur mes gardes et de bien m'éclairer pendant le reste de ma marche, surtout du côté gauche.

Je ne m'étonnai point de la rupture de la paix ; j'avais vu par les papiers de Schill les intentions de l'Autriche ; et je crois pouvoir annoncer que la mort de ce fameux chef, déjouant les trames de cette puissance, fut une des causes qui précipitèrent la déclaration de guerre, et déterminèrent les Autrichiens à marcher aussitôt contre nous. Quoi qu'il en soit, je me hâtai de profiter de l'avis du général, et je jetai sur ma gauche quatre escadrons en flanqueurs; j'en mis deux en avant-garde et deux en arrière; je plaçai dans le centre mon artillerie escortée par les bataillons de canonniers, de mineurs et de sapeurs. Dans cet ordre je gagnai Magdebourg sans avoir été inquiété.

En arrivant dans cette ville je remis au trésor de l'armée l'argent qui avait été trouvé dans les fourgons, ainsi que les papiers de Schill : l'argent formait une somme d'environ soixante-dix-huit mille francs; mais au lieu de me trouver débarrassé de ce dépôt, il arriva qu'on me chargea d'escorter le trésor où je venais de faire le versement, et l'on y joignit l'ambulance de l'armée. Cette nouvelle preuve de confiance me donna plus de peine que de plaisir; j'aurais préféré commander vingt mille Tartares plutôt que d'avoir à donner des ordres aux employés de ces deux régies (le trésor et l'ambulance); tout le monde y voulait commander, et personne n'y voulait servir. Je m'aperçus que le désordre allait s'introduire dans ma colonne, et je pris le parti d'attacher à chacune de ces régies un bataillon de mes vieux canonniers, pour les faire aller et obéir; comme la consigne était sévère, et qu'on me connaissait, l'insubordination cessa sur-le-champ. Enfin, le 11 avril, j'entrai heureusement dans Bamberg sans aucune perte; là je renvoyai mes différents détachements à leurs corps respectifs, et ne conservai que mon artillerie à pied et à cheval, avec laquelle je rejoignis la division Saint-Hilaire, qui s'était mise en marche pour Ratisbonne.

Pendant cette route, assez longue, je n'eus qu'un seul petit engagement avec les hussards autrichiens de Ferdinand sur les frontières de la Bavière; cependant ils n'osèrent pas m'attaquer sérieusement. Plusieurs détachements ennemis vinrent aussi me reconnaître; mais tous me laissèrent tranquille dès qu'ils virent que j'étais en mesure de les recevoir.

Notre division (Saint-Hilaire) était forte de quatre brigades en arrivant devant Ratisbonne; elle avait une artillerie respectable (trente bouches à feu); je les mis en batterie le 14 avril au soir, et le lendemain 15 la ville ouvrit ses portes après quelques heures de canonnade. Nous occupâmes Ratisbonne jusqu'au 18. Ce jour nous reçûmes l'ordre d'en sortir, et d'aller bivouaquer dans les bois entre cette ville et le village de Thann.

CHAPITRE XIV

Affaire de Thann. — Prise de Landshut. — Bataille d'Eckmülh. — Prise de Ratisbonne. — Bataille d'Ebersberg. — Marche sur Vienne.

Les ennemis étaient en force ; ils avaient au moins quatre fois plus de monde sur ce point que nous. La division Saint-Hilaire, seule, se porta le 19 à huit heures du matin devant le village de Thann, occupé par les Autrichiens, et soutint, seule aussi, le combat pendant tout le jour, contre soixante mille hommes commandés par le prince Charles. Mes artilleurs firent des merveilles ; notre canonnade, vive et soutenue, démonta d'abord un grand nombre de pièces ennemies ; l'adresse et l'expérience de mes vieux soldats égalisèrent des forces tout à fait disproportionnées. Le prince

AFFAIRE DE THANN. 119

Charles nous abandonna le village, et retira ses troupes sur un point plus avantageux pour elles.

Nous occupâmes alors la première position qu'avaient tenue les Autrichiens; mais nous n'avions pas encore obtenu d'avantage réel, et même par la manœuvre du prince Charles, notre position était devenue plus défavorable; car il avait rompu, en se retirant par le sud, les deux ponts de bois établis entre lui et le village de Thann.

Pendant que les Autrichiens opéraient, je ne dirai pas leur retraite, mais leur mouvement rétrograde, je fis redoubler la canonnade, ce qui était inutile contre l'ennemi, mais cela fixa son attention, et me donna le temps de rétablir, sans qu'il s'en aperçût, les deux ponts qu'il avait détruits. Le général Saint-Hilaire eut alors assez de confiance en moi pour me demander ce que je ferais, à sa place dans cette circonstance, pour enlever la position où nous voyions les batteries autrichiennes s'établir; voici mot à mot ma réponse :

« Je ferais mettre le 10ᵉ d'infanterie lé-
« gère et les voltigeurs en tirailleurs sur tout

« le front de l'ennemi ; je forcerais par là les
« siens à rentrer dans leurs lignes ; moi, pen-
« dant ce temps, je passerais au galop avec
« mon artillerie à cheval sur les deux ponts
« que j'ai rétablis ; je m'emparerais avec
« rapidité de la position qui est devant nous.
« Pendant mon mouvement mon artillerie à
« pied passerait de même sur les deux ponts,
« et, protégée par le feu de mon artillerie
« légère, arriverait facilement à ma hauteur,
« et se mettrait en position : une fois établis
« là, faites marcher toute la division en avant
« au pas de charge ; l'ennemi ne tiendra
« pas. »

Mon général me répondit : « Nos idées se
« rapportent parfaitement ». Aussitôt il me
quitte, donne ses ordres, et moi les miens. Le
mouvement s'exécuta avec un succès complet :
l'ennemi ne put se soutenir sur le point où il
cherchait à s'établir ; il céda, et notre division
prit la position qu'il abandonnait.

Cependant les Autrichiens en rétrogradant
avaient eu soin de choisir encore une position
avantageuse : celle où ils se retirèrent cette
fois était très forte, car elle était soutenue
par une épaisse forêt, et flanquée par deux

taillis bien touffus : ils y placèrent leurs pièces qui se trouvaient comme masquées par le feuillage. Nous commençâmes là un échange de boulets, qui dura trois heures au moins, et nous nuisait fort sans avancer nos affaires en rien. Cette canonnade m'ennuyait : le 10ᵉ régiment et les voltigeurs, après avoir fait rentrer les tirailleurs autrichiens dans leurs lignes, étaient revenus dans leurs rangs ; je voyais le combat incertain, et dès lors il allait se décider pour le côté le plus nombreux ; je jugeai que nous allions avoir le dessous, à moins d'une tentative décisive quelconque : j'imaginai de tourner l'un des taillis ; mais, comme je ne savais pas si la chose était possible, je pris avec moi une seule ordonnance pour aller reconnaître les lieux.

Je trouvai précisément ce que je voulais ; c'était un passage qui me permettait de tourner à droite le taillis, de me mettre en batterie en dehors, et par là de prendre l'ennemi à revers. Je dis mes intentions au général, qui, les approuvant, voulut les seconder, et les fit réussir par la sagesse de la manœuvre qu'il ordonna : en effet il jeta le 10ᵉ léger en tirailleurs dans le taillis que je voulais tourner, afin d'occuper ceux qui le remplissaient, et les empêcher de mettre obstacle à l'exécution de mon projet ; en même temps il fait faire une fausse charge du même côté par le 57e et le 76e de ligne.

Cette attaque supposée, faite avec grande affectation, ne permit pas à l'ennemi de s'occuper de mon action ; j'eus le temps de tourner le taillis avec mes batteries légères ; je les dirigeai aussitôt sur le flanc gauche des Autrichiens et sur leurs pièces de position. Je les tenais de si près que ma mitraille leur détruisit tous leurs chevaux et leurs canonniers ; ils n'avaient pas encore pu se reconnaître que la division entière arriva sur eux la baïonnette croisée, tandis que je sonnais la charge après ma volée de mitraille. Les Autrichiens, étonnés de cette manœuvre, à laquelle ils étaient loin de s'attendre, se jetèrent dans la forêt, abandonnant leur belle position, un nombre considérable de blessés et de morts, et vingt-quatre bouches à feu.

Alors, sans perdre de temps, je déployai mes batteries légères sur ma droite, de manière à me trouver en ligne avec mon artillerie à pied. Le 10ᵉ léger se ralliait à ma droite pour entrer dans le bois; mais la chose fut inutile; je me contentai de lancer quelques centaines d'obus dans la forêt, les ennemis l'évacuèrent totalement le soir même.

Cette journée fit le plus grand honneur à l'artillerie française et à la brave division Saint-Hilaire, qui reçut l'ordre de se porter sur Landshut : nous n'eûmes pas besoin d'ouvrir la tranchée pour nous emparer de cette place ; deux heures de canonnade suffirent pour lui faire ouvrir ses portes.

Ce fut là que notre division se joignit à la formidable division des *Grenadiers-Réunis*, et ces deux corps furent mis sous le commandement du maréchal Lannes, avec la désignation de *second corps de la grande armée*.

L'affaire de Landshut eut lieu le 21 avril; et dès le lendemain nous nous mîmes en marche sur Vienne. Le 22 eut lieu la fameuse bataille d'Eckmülh, à la suite de laquelle le maréchal Davout reçut de l'Empereur le titre de *prince d'Eckmülh*.

Le 23, sans nous arrêter un seul moment, nous nous portâmes sur Ratisbonne pour la seconde fois : un combat assez vif eut lieu devant cette place ; et l'ennemi, ayant le dessous, ne trouva rien de mieux que de se jeter dans la ville, dont il avait pris possession depuis notre première occupation. Comme alors la ville, remplie de troupes, paraissait disposée à se défendre, et pouvait nous opposer une résistance opiniâtre, le maréchal sentit la nécessité de l'enlever de vive force, et je reçus de sa part l'ordre de réunir sur un seul point toutes les pièces de douze, et les obusiers du corps d'armée pour faire promptement brèche à la place.

J'eus bientôt exécuté l'ordre ; deux heures me suffirent pour abattre une portion de remparts qui laissait un passage praticable pour un assaut : alors je cessai mon feu. L'assaut se donna ; la ville fut prise dans la soirée : les Français y firent quatorze mille prisonniers.

Nous avons continué notre marche sur Vienne ; l'armée a couché le 26 à Passau. — Le 30, combat à Ried. — Le 2 mai on entre à Lintz ; et le 3 a lieu la bataille d'Ebersberg, où nous fîmes vingt-cinq mille prisonniers, mais où nous eûmes à regretter plus de mille blessés, qui furent brûlés dans le château sans qu'on pût leur porter le moindre secours. La petite ville d'Ebersberg fut totalement brûlée par les obus. — Le 5, l'Empereur passe l'armée en revue devant Ens, et fait beaucoup de promotions, etc., etc.

Il n'entre pas dans mon plan de raconter les combats partiels, ni les différents engagements qui eurent lieu pendant notre marche sur Vienne ; il suffit que je dise que notre division y arriva le 12 mai. Nous faisions tête de colonne en nous présentant devant ses faubourgs, et nous nous mîmes en bataille devant le faubourg de Maria-Hülf. Le maréchal Lannes envoya un parlementaire au commandant de Maria-Hülf pour le sommer de le lui remettre sur-le-champ. On en fit de même pour le faubourg de Wieden, et pour chacun des autres. Pour réponse à la sommation notre parlementaire reçut quelques coups de fusil, l'un desquels le jeta raide mort sur le glacis. Aussitôt que cette nouvelle fut connue du corps d'armée, la fureur s'empara des soldats ; le maréchal profita de cette disposition, et tous ces faubourgs furent attaqués et enlevés à la baïonnette. Ils ne furent pas plus tôt en notre pouvoir que l'Empereur fit réunir sous les ordres du général Charbonnel (général d'artillerie) tous les obusiers de son armée. Je fus chargé (sous le général Charbonnel) du commandement des batteries qui étaient servies par les artilleurs à cheval.

La réunion de toutes ces pièces formait cent obusiers, que j'établis sur les glacis, et que je braquai sur Vienne, entre les faubourgs de Maria-Hülf et de Wieden ; mes obusiers furent bientôt prêts à jouer.

L'Empereur somma alors le gouverneur de Vienne de lui ouvrir les portes de cette capitale, et de lui en remettre les clefs dans les vingt-quatre heures. Il joignit à cette sommation la menace de brûler la ville en cas de refus.

Le gouverneur ayant répondu négativement, je reçus l'ordre de commencer le feu sur la ville ; il était dix heures du soir ; je fis diriger quelques obusiers sur le pa-

ENTRÉE DANS VIENNE,
Leipzig-Mai 1809.

lais impérial. Bientôt le feu s'y manifesta, et la capitale de l'Autriche nous ouvrit ses portes.

Ce fut la Garde qui prit possession de Vienne ; et le 2ᵉ corps, dont la division Saint-Hilaire faisait la moitié, se porta à gauche, pour chercher un passage sur le Danube, en face de Nusdorff, dont nous nous rendîmes maîtres. Ce bourg de Nusdorff, situé sur la rive droite du Danube près le Kalemberg (1), est comme l'un des faubourgs de la ville de Vienne ; il se trouve entre la capitale et Closter-Neubourg.

Notre division ayant passé le Danube en face de Nusdorff, nous croyions aller en avant ; mais le prince Charles vint en personne nous faire repasser le fleuve ; nous y perdîmes du monde. Cependant la division, protégée par notre artillerie, qui occupait les hauteurs de ce bourg, resta dans cette position pénible jusqu'au 20 mai.

Ce jour-là nous partîmes de Nusdorff pour

---

(1) Le *Calemberg* ou *Kalemberg* est une montagne célèbre ; ses chaînons s'étendent en Styrie.

(*Note géographique.*)

nous porter sur la droite de Vienne et en face du pont construit sur le Danube. Nous avions pour mission de nous établir d'abord dans l'île de Lobau, et de faire passer ensuite l'armée entière pour joindre celle du prince Charles. Nous occupâmes Lobau le 21 ; aussitôt je fis jeter un autre pont sur le dernier bras du Danube ; à quatre heures après midi nous commençâmes à effectuer le passage sur ce dernier bras ; la division Saint-Hilaire et celle des cuirassiers du général d'Espagne, suivies des Grenadiers-Réunis de notre corps d'armée, passèrent les premiers ; vint ensuite le 4e corps aux ordres du maréchal Masséna ; enfin la Garde, avec une bonne partie de la cavalerie. Cette dernière effectua son passage de nuit, et ne le termina que le lendemain matin.

Un accident fort malheureux arriva à ce passage : le soir du 21, dans un engagement avec l'ennemi, on ordonna fort mal à propos et fort inutilement une charge de cavalerie, dans laquelle le général d'Espagne fut tué. Ce brave officier général, justement célèbre, avait fait remarquer avant de tenter cette charge combien elle était déplacée. Il reçut l'ordre formel de la faire ; alors il se précipita à la tête de sa division, et y périt avec un grand nombre de braves officiers et de soldats. Le lendemain fut un des jours les plus mémorables du règne de Napoléon.

CHAPITRE XV

Bataille d'Essling.

Le 22 mai, à quatre heures du matin, nous reconnûmes la position de l'ennemi ; il était rangé en bataille à une demi-lieue d'Essling, sa droite appuyée sur Gross-Aspern, et sa gauche sur Enzersdorf. Nous commençâmes une vive attaque du côté de Gross-Aspern ; et, notre armée s'étant presque aussitôt déployée sur son centre, l'affaire devint générale.

Les troupes qui avaient passé le dernier bras du Danube, comptant sur les 1er, 3e, 5e, 6e et 7e corps, et sur les alliés qui devaient, d'après nos calculs, arriver sur le terrain vers les huit heures du matin, le 2e corps et la cavalerie chargèrent vigoureusement l'ennemi dès sept heures.

D'abord la ligne des Autrichiens fut totalement rompu, et Gross—Aspern, par suite de ce premier succès, étant tombé en notre pouvoir, l'ennemi battit en retraite, dirigeant son centre sur Brünn (route de la Moravie), sa droite sur Znaïm (route de la Bohême), et sa gauche sur la Hongrie, dans la direction de Presbourg; mais, tandis que le maréchal Lannes, qui commandait le 2ᵉ corps, et qui croyait la victoire assurée, poursuivait les Autrichiens avec acharnement, la chance tourna tout à coup à notre désavantage.

Le prince Charles, qui voulait nous chasser tout à fait de la rive gauche du Danube, et nous repousser dans l'île de Lobau, fut informé que le pont qui communiquait de cette île à la rive droite venait d'être rompu. Les habitants de Vienne, soit par l'ordre de ce général, soit de leur propre mouvement, avaient détaché les moulins construits sur le fleuve, et les avaient lancés dans le plus fort du courant; ces énormes bateaux, rapidement entraînés, avaient produit un choc si violent, qu'en un clin d'œil ce pont, dont la construction nous avait coûté tant de fatigues et de travaux, avait été mis en pièces.

Pendant ce temps-là le 2ᵉ corps, qui se croyait soutenu, poursuivait toujours vivement le centre de l'ennemi; mais le prince Charles ayant fait connaître à ses troupes que le pont, notre seule ressource, venait d'être détruit, ajouta que l'armée française n'avait plus de retraite; que nul renfort ne pouvait lui arriver; en un mot qu'elle était perdue, et sur-le-champ il donna l'ordre de se reporter en avant.

Ce mouvement surprit le maréchal Lannes; ne se voyant pas soutenu, il reconnut qu'il s'était trop engagé sur la route de Brünn, et qu'il n'avait pas un moment à perdre s'il voulait n'être pas entièrement cerné : contraint à son tour de battre en retraite, il ordonne de former les carrés, et de se retirer par échelons. Ce fut le dernier ordre que donna cet intrépide soldat; un instant après il fut blessé mortellement, ainsi que le brave général Saint-Hilaire, et en même temps le général d'artillerie Navelet fut blessé très-grièvement. Dans cette funeste position j'eus moi-même deux chevaux tués sous moi, et je reçus une balle sur la poitrine ; mais elle s'amortit sur mon fourniment, et ne pénétra pas.

La blessure du général Navelet le mettant hors de combat, je me trouvai, par droit d'ancienneté, chargé du commandement de l'artillerie, de même que le lieutenant général Oudinot venait de l'être du commandement de tout le corps d'armée.

Sentant combien notre situation était critique, et voyant que l'ennemi nous serrait de toutes parts, je fis former mon artillerie sur trois côtés, comme dans la manœuvre des carrés ; je plaçai ce triangle en avant de nos troupes, et, après avoir garni les intervalles avec de l'infanterie, je reçus les Autrichiens par une fusillade si vive, et par un feu si bien nourri d'obus et de mitraille, que je les culbutai encore sur tous les points. C'est avec cette disposition de mon artillerie que nous opérâmes notre retraite.

Pendant ce mouvement, qui se fit avec calme, je fis construire trois brancards par mes ouvriers pour transporter le maréchal Lannes et les généraux Saint-Hilaire et Navelet ; les deux premiers vivaient encore quoique dans un état déplorable. Mes vieux canonniers et les plus anciens grenadiers (tous légionnaires), les portèrent au centre de la division. Jamais peut-être douleur ne fut plus vraie, ne fut plus profonde que celle dont nous étions tous pénétrés ; et peut-être aussi jamais guerriers n'eurent un plus noble convoi ; en effet, quelque part que leurs yeux mourants se portassent autour d'eux, ils ne pouvaient rencontrer que le signe de l'honneur.

Arrivés près du dernier bras du Danube, en deçà de l'île de Lobau, on les déposa sous un chêne ; et c'est là que le *grand homme*, pour lequel ils avaient si longtemps et si glorieusement combattu, accompagna leurs derniers instants de ses adieux et de ses pleurs.

Cependant nous étions arrivés, par notre mouvement de retraite, à la hauteur de la garde impériale : ne craignant plus d'être enveloppé, le lieutenant général Oudinot fit mettre sur-le-champ son corps d'armée en ligne ; alors l'affaire s'engagea plus chaudement que jamais.

Voyant que les réserves autrichiennes commençaient à s'ébranler, et que bientôt il allait nous devenir impossible de tenir plus longtemps, j'envoyai promptement un officier supérieur avec ordre d'arrêter toute l'artillerie en deçà du bras du Danube qui nous séparait de l'île de Lobau, et je lui enjoignis de faire visiter les caissons, de les faire charger complètement de munitions de même calibre, mais moitié en mitraille ; de garder avec nous seulement un caisson par bouche à feu, et de faire promptement passer le reste dans l'île de Lobau.

Il était temps de prendre ces précautions ; la retraite était de plus en plus urgente, et tout ce qui ne m'était pas absolument indispensable pour la protéger devenait par cela même très nuisible.

Aussitôt après que l'officier chargé de cette opération m'eut appris qu'elle était terminée, je n'eus plus d'inquiétude pour le passage des troupes ; il se trouvait alors parfaitement libre : j'en fis part aussitôt au général Oudinot. Sur-le-champ l'Empereur, à qui ce général rendit compte de ce mouvement, vint à moi, et me dit de placer mon artillerie dans l'endroit que j'avais choisi, ajoutant : « Je « compte sur toi pour sauver l'armée ! » Je

répondis : « Sire, je m'ensevelirai ici plutôt
« que de ne pas passer dans l'île le dernier de
« tous vos braves ».

Bien résolu de justifier la confiance de Napoléon, je réunis quatre-vingts bouches à feu en avant du pont (seul passage qui existât entre le champ de bataille et l'île de Lobau); je les plaçai derrière des touffes d'arbres que je fis élaguer à la hâte, de sorte que mes canons et mes obusiers se trouvèrent démasqués, et en position de tirer partout où l'ennemi pourrait se présenter pour nous disputer notre dernier passage.

Alors je réunis près de moi mes officiers et sous-officiers avec les plus anciens de mes canonniers, et je leur dis : « Messieurs
« les officiers, sous-officiers et canonniers,
« vous savez que l'artillerie est l'âme des ar-
« mées, et que la gloire de cette arme n'a
« jamais été ternie depuis son origine : ju-
« rons tous de nous ensevelir à cette place,
« plutôt que de ne pas sauver la grande ar-
« mée ! »

Aussitôt chacun de ces braves s'écria :
« Nous ferons comme vous, nous mourrons
« tous, ou nous sauverons l'armée ! »

Je répondis : « elle est sauvée (1). » A peine eus-je dit ces trois mots, que l'ennemi char-

(1) Un mot dit à propos suffit pour électriser des braves dans un moment critique. Je me souviens qu'à cette même bataille d'Essling, commandant le 46ᵉ régiment de ligne, après la mort de mon colonel, tué à l'attaque de Gross-Aspern, ce village fut pris et repris par notre régiment plusieurs fois dans la journée. Le maréchal Masséna m'ordonna, vers midi, de le reprendre encore ; mais, voyant le peu d'hommes qui me restaient, il me dit : « Joignez à vos troupes un bataillon d'Hessois « pour vous soutenir ». Je demandai ce bataillon de la part du maréchal, au général qui les commandait, mais il me refusa : le temps était précieux, mon régiment avait beaucoup souffert ; il était nécessaire de l'enlever ; m'adressant donc aux grenadiers, je leur rappelai le brave *la Tour-d'Auvergne*, premier grenadier de France, mort dans leurs rangs, et dont ils conservaient le cœur ; ce nom, cité à propos avec ce qui me vint alors à l'idée, électrisa tellement ma troupe, qu'au moment où je faisais les commandements nécessaires pour entrer au pas de charge dans le village, un jeune tambour de seize ans s'approcha de moi, et me dit : « Commandant ! chacun sa place ici, « la mienne est devant vous ». Nous entrons au pas de charge, le village fut pris, et l'ennemi culbuté sur tous les points, quoique six fois plus nombreux que nous. (Voyez mon ouvrage sur *les Partisans et les Corps irréguliers*, page 293 et suiv.)

(Note de l'Éditeur.)

gea les grenadiers de la vieille Garde commandés par le comte Dorsenne ; mais il n'avait pas compté sur la réception que je venais de lui préparer. Ma mitraille et mes obus firent un tel ravage dans ses rangs, que la moitié, pour le moins, resta devant mes batteries.

Ce premier succès ayant fait voir à l'armée qu'elle était soutenue, la rentrée dans l'île de Lobau se fit avec le plus grand ordre. Néanmoins l'ennemi ne se déconcerta pas, il revint trois fois à la charge avec opiniâtreté ; nous le reçumes chaque fois comme il l'avait été la première.

C'est là que les braves compagnies de grenadiers et de voltigeurs du 57ᵉ (surnommé si justement *le terrible*), dirent : « Nous ne ren-
« trerons dans l'île qu'avec la dernière pièce
« de canon, et jusque-là, nous resterons avec
« le *père aux boulets* » (1).

Pendant que mon artillerie arrêtait ainsi les Autrichiens avec un avantage si marqué,

---

(1) Les grenadiers et les voltigeurs du 57ᵉ n'ont effectivement voulu passer le bras du Danube qu'avec moi, et après ma dernière pièce.

j'ordonnai mon mouvement rétrograde du centre en arrière par les ailes. J'avais placé d'avance des officiers pour que mes pièces occupassent, dans l'île de Lobau, le même front que sur le champ de bataille d'Essling. Ayant donc opéré ma retraite, et disposé mon artillerie de cette manière, j'envoyai par ma dernière batterie six boulets et deux obus à l'ennemi, pour lui prouver que nous l'attendions sans crainte, et même je ne fis démolir le pont que plusieurs heures après que tout le monde l'eut passé.

Ce fut à cette bataille que le maréchal Masséna reçut le titre de *prince d'Essling* ; pour moi, je reçus trois coups de feu, et je fus démonté trois fois.

CHAPITRE XVI

Occupation de l'île de Lobau.

Le lendemain 22, à la pointe du jour, tout le monde étant rentré dans l'île, je me mis à parcourir le rivage en face de l'ennemi, et je m'aperçus que les sentinelles autrichiennes, placées sur la rive gauche du Danube, liaient conversation avec les nôtres; j'en écoutai quelques mots. Ils nous croyaient totalement perdus, et nous annonçaient notre prochain désastre : l'un disait en riant, « vous mourrez « bientôt de faim (1) dans cette île, nous

---

(1) Il est certain que jamais corps d'armée n'a éprouvé une disette plus grande que dans l'île de Lobau pendant quatre ou cinq jours. On était si près de Vienne, que personne n'avait songé à faire de provisions ; mais les ponts étant rompus et toute communication détruite, nous nous trouvâmes manquer de munitions, de vivres,

« apprêtons des pelles et des pioches pour
« vous enterrer. »

D'autres criaient à nos soldats : « Si vous
« voulez acheter des cuirasses, nous vous en
« vendrons » (parce que le 21, la division de
« cuirassiers du général d'Espagne, perdit
« beaucoup de monde) » ; un vieux grenadier,
qui était en faction sur le bord du fleuve en
face de mon bivouac, répondit à ceux-ci :
« Nous n'avons pas besoin de vos cuirasses,

d'eau-de-vie et de linge pour panser nos blessés. Ne pouvant nourrir les chevaux que d'herbes et de feuilles d'arbres, on en tua pour faire des distributions aux soldats ; mais le sel manquait, ce qui rendait cette nourriture détestable ; aussi la dysenterie commençait à se faire sentir, et, fort heureusement pour l'armée, les ponts furent rétablis le 27.

Un singulier hasard vint adoucir un peu la situation pénible de quelques officiers qu'on avait envoyés pour reconnaître les petites îles qui entourent celle de Lobau. Les cerfs de l'empereur d'Autriche, qui étaient ordinairement dans le *Prater*, effrayés par l'épouvantable canonnade d'Essling, s'étaient enfuis, et avaient passé plusieurs bras du Danube pour se réfugier dans ces petites îles. Nos officiers détruisirent presque tous ces beaux animaux pour s'en nourrir.

(*Note de l'Éditeur.*)

« chaque grenadier français a un cœur, c'est
« assez pour aller chercher l'honneur dans vos
« retranchements ».

Chacun disait son mot ou lâchait une bravade ; je vis que si cela continuait encore, les sentinelles allaient sans ordre en venir à une fusillade, parce que peu à peu on s'aigrissait l'un contre l'autre : je pris donc un trompette avec moi, et faisant sonner en parlementaire, un officier autrichien se présenta sur le rivage. Je lui criai que je désirais parler au commandant des avant-postes, il alla le chercher ; c'était un colonel d'infanterie. Je lui proposai de convenir ensemble que les chefs des avant-postes veilleraient réciproquement sur leurs sentinelles, qu'ils ne souffriraient plus qu'elles se permissent des insultes, ni qu'elles fissent feu l'une sur l'autre, avant de s'être prévenus une demi-heure d'avance. Comme cet officier parut surpris de ma demande, je lui dis que je présumais que nos généraux en chef allaient prendre ensemble de nouveaux arrangements, et que la mesure que je proposais n'ayant pour but que d'empêcher quelques hommes isolés d'être tués sans aucune utilité pour la cause qu'ils défendaient, je ne voyais qu'un motif d'humanité dans ma démarche. D'après cette explication, il accepta ; ce qui me fit un très grand plaisir, car nous n'étions point en mesure pour laisser engager une affaire. Cependant le colonel autrichien me dit en s'en allant, qu'il espérait à son tour que j'allais m'occuper à défaire notre pont. Comme j'avais l'ordre de le démolir, je m'en fis un mérite auprès de lui, et je l'assurai que le pont allait être détruit à l'instant.

Effectivement, je lui donnai le plaisir de voir exécuter l'ordre de mon général, que ce bon Allemand eut la bonté de prendre pour une concession de ma part ; mais, ce qui ne le satisfit pas autant, ce fut de voir ramener de notre côté tous les matériaux et jusqu'aux pontons ; de sorte que nous étions les maîtres de rétablir ce pont dans vingt-quatre heures, si nous le jugions convenable.

Aussitôt que ces conventions furent arrêtées avec le commandant des avant-postes autrichiens, je me retirai dans la baraque que mes canonniers venaient de me con-

struire, et m'occupai de faire mon rapport au major-général : pendant que je l'écrivais, l'Empereur arriva pour nous passer en revue. Mes artilleurs se mirent en bataille en arrière de ma ligne, l'Empereur nous dit : « Braves
« artilleurs, vous avez été hier les remparts
« vivants de mon armée, soyez-les encore de
« l'île de Lobau, et comptez sur ma grati-
« tude ».

Après ces paroles, il se tourna de mon côté : « Et toi, *mon vieux* (dit-il), tu es
« toujours le même! Je te fais major, donne-
« moi la main ».

Je tendis ma main, et touchai celle de l'Empereur, en m'inclinant respectueusement : j'étais au comble de la joie. Je pensai alors que ce moment était favorable pour présenter les états d'avancement et de décoration que j'avais toujours soin de faire après chaque bataille (1). Je lui dis donc : « Sire, voilà les

(1) J'ai remarqué que cette habitude donnait à mes canonniers une confiance extrême en moi, ils savaient que je n'oubliais jamais les belles actions ; aussi je crois pouvoir dire qu'aucun corps n'a eu plus de soldats dévoués à tous les périls, que celui que j'ai eu l'honneur de commander.

« noms de ceux qui m'ont servi à mériter
« votre bienveillance, et qui la méritent eux-
« mêmes par leur intrépidité ». L'Empereur,
sans regarder mes états, mit en marge :
Accordé, comme il l'avait déjà fait plusieurs
fois pour moi, et le lendemain, j'eus la douce
satisfaction de faire reconnaître pour officiers
ceux qui avaient obtenu de l'avancement, et
de donner l'accolade à mes nouveaux confrères chevaliers de la Légion d'honneur
en leur remettant leurs lettres de nomination.

Ici je remarque en passant que jamais je
n'ai rien demandé pour moi-même, et que
jamais rien de ce que j'ai demandé pour d'autres ne m'a été refusé.

L'Empereur s'arrêta là quelques minutes ;
il voulut bien entrer avec moi dans plusieurs
détails concernant mon artillerie. Il finit par
dire qu'il remettait le commandement des
troupes qui étaient dans l'île, au prince d'Essling.

Dès que j'entendis Napoléon parler de
l'île, un projet qui me roulait dans la
tête depuis assez longtemps me revint :
je n'osai lui en faire part de suite, parce

que je ne l'avais pas encore assez mûri, et que je me défiais de moi pour l'expliquer rapidement et clairement à l'Empereur, de la façon dont il voulait qu'on lui expliquât tout. Je me contentai donc de demander deux bateaux avec leurs pontonniers, afin d'avoir les moyens de passer successivement de la rive gauche à la rive droite du Danube : je donnai pour motif de ma demande, le besoin où j'étais d'approvisionner mon artillerie en munitions, rechange au grand complet, etc. ; car ma réserve était restée sur la rive droite. Le major-général, sur un signe affirmatif de l'Empereur, me donna cette autorisation. On verra combien ces bateaux me furent utiles par la suite (1).

(1) Dans mes états j'avais eu soin de rendre compte du dévouement héroïque des grenadiers et des voltigeurs du brave 57⁰ de ligne; je lui devais trop pour l'oublier, et je puis me flatter que mon rapport fit rendre à ce régiment la justice éclatante qu'il méritait. Le plus ancien capitaine de grenadiers, et le plus ancien capitaine de voltigeurs furent faits chefs de bataillon. Tous les officiers qui n'étaient pas décorés obtinrent cet honneur avec plusieurs sous-officiers, grenadiers et simples soldats.

Cependant l'armée française souffrait une disette cruelle dans l'île de Lobau : il était impossible de s'y procurer ni vivres, ni fourrages. Cet état dura jusqu'au 27 au matin, époque à laquelle le pont rompu fut rétabli.

Pendant tout le temps où la communication fut interceptée avec l'île, je me servis d'abord fort utilement de mes deux bateaux de pontonniers, pour apporter la nuit des vivres à mes pauvres artilleurs. J'en faisais distribuer aux blessés et aux malades; et, pour ne pas faire de jaloux, je ne laissais jamais défaire publiquement les caisses de munitions où je faisais cacher des vivres. Ceux qui étaient dans le secret publiaient que la viande nouvelle venait de quelques chevaux qu'on avait fait tuer parce qu'ils avaient les jambes cassées.

Je souffrais beaucoup de la misère de nos troupes : ils la supportaient courageusement; et, pendant quatre jours et cinq nuits, mes artilleurs ne reçurent point d'autres vivres que ceux qui arrivaient en cachette par quelques bateaux échappés aux yeux des ennemis; les chevaux vivaient d'herbes et de feuilles d'arbres, et dès qu'un d'eux quittait la ligne de ses gardiens, on était bien sûr qu'il était dépecé en moins de rien par les soldats et mis dans la marmite.

Enfin le 27, le pont si longtemps attendu étant achevé, il se trouva plus fort que le premier par le moyen de la grande chaîne qu'on avait prise à l'arsenal de Vienne, et que l'on avait assujettie aux deux rives du fleuve pour servir d'appui aux bateaux qui composaient ce pont (1). Alors, le 27 au matin, la Garde commença à se retirer sur la rive droite pour se rendre à Vienne ; la cavalerie suivit la Garde. Le 2e corps, dont notre division formait la moitié, comme je l'ai déjà dit, sortit ensuite ; quant au 4e corps, il resta dans l'île sous les ordres du prince d'Essling ; et moi je fus remplacé dans ma ligne d'avant-postes par l'artillerie du 4e corps.

(1) Cette chaîne, si remarquable par sa longueur et par la grosseur de ses anneaux, avait été faite, dit-on, par les Turcs, lorsqu'ils firent le siège de Vienne en 1683, que la bravoure de Jean Sobieski, roi de Pologne, les contraignit de lever.

(Note de l'Éditeur.)

Trois jours avant de partir de l'île de Lobau, le lieutenant général Grandjean arriva pour prendre le commandement de notre division, et remplacer notre digne et brave général Saint-Hilaire, tué le 22 à Essling. Ce fut aussi ce jour-là que le comité de santé décida que la blessure que j'avais à la jambe était en si mauvais état, qu'il fallait nécessairement m'amputer.

Je dis à ce comité : — « Messieurs, je souffre
« considérablement ; mais je ne veux pas
« qu'on me coupe la jambe ; je ne pourrais
« plus servir ; et, si je ne dois plus servir,
« j'aime autant qu'on m'enterre ici : arrachez
« la balle comme vous l'entendrez, j'y
« consens, mais pas d'amputation ». Un des membres me dit (en secouant la tête d'un air d'intelligence avec ses collègues), qu'on allait faire selon mes intentions, mais ayant cru m'apercevoir qu'il faisait des signes à ses aides en leur disant de m'attacher pour mieux supporter l'opération, je présumai qu'ils voulaient m'amputer malgré moi ; alors j'appelle mon vieux Soulzert (un de mes brigadiers) : je me fais donner mon sabre et mes pistolets, et je déclare que je

veux être opéré sans être attaché : — « Ar-
« rivez maintenant, messieurs de la Faculté ;
« je vous attends avec vos scies et vos grands
« couteaux ! »

Cependant M. David, le chirurgien-major du 57ᵉ régiment, s'approcha de moi, et dit à ses confrères : « Messieurs, essayons ». Alors il me demanda si j'aurais la force de supporter l'opération nécessaire. — « Major (reprit-il), « je vais vous ouvrir la jambe peut-être de « trois côtés ». — « Oui (répondis-je), sabrez, « mais ne sciez pas ». Il fit d'abord une longue et profonde incision, qui fit sortir une grande quantité de sang caillé ; ensuite, écartant les chairs, il enleva les esquilles d'os brisés, et enfin, heureusement, trouva la balle, qu'il arracha avec le doigt. Je fus de suite soulagé de beaucoup, et je vis que je guérirais. En effet, ma jambe s'est bien cicatrisée ; elle n'est pas si bonne que l'autre, mais elle vaut encore cent fois mieux qu'une jambe de bois.

CHAPITRE XVII

Fait historique important.

Revenons à nos opérations. Le 2ᵉ corps d'armée vint camper sur la rive droite du Danube, entre l'île de Lobau et Vienne. Pendant que l'on fortifiait l'île avec une grande activité, j'eus la commission d'organiser l'artillerie régimentaire. Il y avait encore, dans nos régiments d'infanterie, d'anciens soldats qui avaient été primitivement employés dans l'artillerie du camp devant Boulogne ; je les fis sortir de leurs compagnies.

Cette artillerie régimentaire était composée (dans chaque régiment d'infanterie de ligne ou d'infanterie légère) de deux pièces de quatre ou de six, suivies par une escouade formée par 31 hommes; savoir : 24 canonniers, un lieutenant commandant, un sous-lieutenant, deux sergents, deux caporaux et un tambour. On leur donna la solde de l'artillerie à pied; et on leur fit commencer leurs exercices et l'étude des petites manœuvres jusqu'au premier juillet, époque à laquelle le 2e corps, dont nous faisions toujours partie, rentra dans l'île de Lobau, mais, cette fois, ayant à sa tête le général Oudinot; et, le 3 juillet, il fut passé en revue à la droite de l'île, par l'Empereur.

C'est à cette revue que j'osai demander un entretien particulier à l'Empereur. Depuis longtemps je songeais à mon projet pour l'exécution duquel j'avais précédemment demandé deux bateaux, sous le prétexte d'approvisionner mon artillerie; je dis donc à Napoléon que j'avais découvert un passage pour aller prendre par derrière l'ennemi, qui s'était retranché tout à fait en face de la pointe et à droite de l'île, avec trois mille hommes d'infanterie et vingt-deux canons de treize.

Comme je vis l'Empereur très attentif à ce que je lui disais, et qu'il cherchait à lire dans

mes regards si j'avais bien calculé tous les événements, je lui ajoutai que j'avais fait construire, en plusieurs pièces détachées, un radeau de la juste largeur qu'avait le dernier bras du Danube en face de nous. L'ennemi (continuai-je) peut être pris avec son général, avant de croire qu'on puisse l'attaquer. En même temps je tirai de ma poche un rapport détaillé sur les moyens que je me proposais d'employer pour ce coup de main, et je n'avais pas oublié d'y mettre que j'étais instruit par un déserteur que le général Krasmer, qui commandait ce retranchement, se croyait tellement en sûreté, que tous les soirs, vers minuit, il se déshabillait, et se couchait tranquillement. L'Empereur me dit à voix basse :
« A quatre heures du soir je viendrai te
« prendre, tu me feras voir cela; ne dis rien
« à personne ».

Dès que le corps d'armée fut rentré dans ses bivouacs, le général Oudinot vint à moi et me demanda sur quoi roulait l'entretien que j'avais eu pendant si longtemps avec l'Empereur? Je lui répondis très poliment que je ne pouvais le lui dire, parce que l'Empereur me l'avait défendu.

A quatre heures, l'Empereur vint suivant sa promesse. Nous endossâmes l'un et l'autre une capote de canonnier à pied, et tous deux nous nous coiffâmes d'un bonnet de police; je m'armai d'une hache, Napoléon prit une serpe; ainsi déguisés tous les deux, nous nous rendîmes à mon radeau; là, je fis tout voir en détail à Sa Majesté, et, tout en causant, nous donnions de temps à autre quelques coups de hache ou de serpe, afin que l'on nous crût occupés au travail et pour ne pas attirer l'attention sur nous.

Lorsque l'Empereur eut examiné mon radeau avec ses deux revers pliants qui pouvaient se relever et tomber sans bruit sur l'une et l'autre rive, enfin tout étant prêt, jusqu'aux câbles propres à l'amarrer quand il serait à sa position; lorsque l'Empereur (dis-je) eut examiné avec la plus scrupuleuse attention mes préparatifs, nous reprîmes le chemin de mon quartier, lui avec deux petits morceaux de bois qu'il était censé avoir coupés, et moi avec une charge sur l'épaule.

Arrivés à un demi-quart de lieue de l'endroit nous jetâmes notre bois, et l'Empereur me dit : « Eh bien! comment feras-tu? car

« c'est toi qui seras chargé de cette expédi-
« tion. Si tu réussis, comme il n'y a point de
« doute, le passage s'effectuera de suite ; mais
« la difficulté est de réunir, dans cet endroit,
« de l'infanterie et de l'artillerie, sans que
« l'ennemi s'en aperçoive ? » — « Quant à
« l'artillerie (répondis-je), je n'en ai pas be-
« soin pour l'entreprise ; j'aurai celle que je
« commande, qui sera réunie dans un endroit
« que j'ai reconnu, d'où je la dirigerai aisé-
« ment sur tous les points convenables, sans
« que l'ennemi puisse voir son mouvement.
« Pour l'infanterie, elle ira couper le bois
« (comme elle l'a fait jusqu'à ce jour) dans la
« forêt qui est à gauche de mon radeau ; dans
« chaque détachement qui viendra au bois,
« il y aura un certain nombre d'hommes, aux-
« quels je ferai garder leurs armes cachées
« sous leurs capotes avec leur fourniment
« (les sacs resteront à leurs compagnies) ;
« ces soldats se coucheront sur la pelouse
« à mesure qu'ils arriveront, et attendront
« ainsi la nuit dans le plus grand silence.
« L'ennemi qui ne se doute de rien, voyant
« revenir au camp nos hommes avec leurs
« charges, comme à l'ordinaire, ne croira pas

« qu'il en soit resté dans le bois, et nous les
« trouverons là au besoin. » — « Que de-
« main cette opération commence, et que l'on
« continue toute la journée le passage des
« détachements allant et revenant, jusqu'à
« ce qu'il y ait deux mille grenadiers et vol-
« tigeurs réunis dans l'endroit désigné, avec
« les officiers nécessaires pour les comman-
« der. »

L'Empereur approuva tout, et je commençai de suite mon rassemblement de soldats bien choisis. Le soir il était complet ; à dix heures je passai la revue de mes deux mille vieilles moustaches : après m'être assuré que les armes étaient en état, je leur dis : « Cama-
« rades, nous avons une expédition glorieuse
« à faire ; elle est hardie, mais le succès est
« certain si vous avez confiance en moi ;
« obéissez à vos officiers sans dire un seul
« mot, car le succès dépend de notre silence ».
Ils me répondirent : « Commandés par le *père*
« *aux boulets*, nous attaquerions le diable
« sans mot dire ; ainsi soyez tranquille et allez
« de l'avant ». Je leur dis de se tenir prêts à marcher d'ici à deux heures.

Je m'étais fait accompagner par deux cents

FAIT HISTORIQUE IMPORTANT.

hommes sans armes, auxquels j'avais donné une commission particulière, dont ils s'acquittèrent à merveille; ils étaient sous les ordres du chef de bataillon Baillon.

Voyant les bonnes dispositions de ma troupe, je me rendis auprès de l'Empereur, que je trouvai à son bivouac; je lui rendis compte de ce que je venais de faire. « Sire, « tout est prêt (ajoutai-je), mes canonniers « conduisent maintenant mon radeau à l'en- « droit désigné, l'infanterie s'y trouve ras- « semblée sans avoir été vue par l'ennemi; le « pont mobile sera placé à minuit précis, et « le passage s'effectuera de suite. » L'Empereur parut satisfait; comme je me préparais à le quitter, la pluie commença à tomber, alors je m'écriai : « Le ciel nous favorise, le re- « tranchement et tout ce qu'il renferme est à « nous! »

Il était onze heures et demie, lorsque je quittai la tente de Sa Majeté pour rejoindre ma troupe qui m'attendait avec impatience. Je chargeai un officier de placer une pièce sur le rivage, afin qu'aussitôt que je serais maître du retranchement on pût tirer un coup de canon pour avertir l'Empereur du succès de l'entreprise. Tels étaient les derniers ordres que j'avais reçus de lui; et il attendait avec impatience ce signal, pour faire passer l'armée sur la rive gauche.

A minuit, mon radeau remonte jusqu'à l'endroit où était mon rassemblement; on se hâte d'assujettir ce pont mobile aux deux rives. Je passe le premier avec l'un de mes adjudants, et je m'avance seul avec lui pour observer l'ennemi. Tout était calme; je marche avec précaution, et, tournant le camp retranché des Autrichiens, j'arrive sur ses derrières. Il tombait de l'eau à verse. Pas un de leurs soldats n'était dehors, tous étaient dans leurs bivouacs. Certain du calme, je repassai sur notre rive, et je me mis à la tête de mes braves.

Quand nous commençâmes notre mouvement, le chef de bataillon, auquel j'avais donné l'ordre de guider les deux cents hommes sans armes, vint à moi d'un air assez embarrassé. « Monsieur le major! que « voulez-vous (me dit-il) que je fasse de ces « deux cents soldats qui n'ont point de fu- « sils?... » — « Vous les emploierez (repris-je) « à renverser et à briser ceux des Autrichiens

« rangés en faisceaux devant leur ligne : vous
« en ferez des *jambons* (1); et, d'ailleurs
(continuai-je), vous serez soutenu par cinq
« cents hommes de réserve, dont vous allez
« prendre le commandement ».

Mes ordres ainsi donnés, trois bataillons de cinq cents hommes chacun sont formés ; le quatrième, qui formait ma réserve, fut confié au commandant Baillon, qui commandait déjà les hommes sans armes, et nous passâmes sans bruit le bras du fleuve ; nous nous portâmes avec le même silence jusque sur les derrières de l'ennemi, par le même chemin que j'avais reconnu. Là, je me mets en bataille, et me place au centre de mes trois bataillons, laissant derrière moi les deux cents hommes sans armes, suivis du bataillon de réserve ; je donne alors le signal d'attaque. Aussitôt mes trois bataillons s'élancent dans le camp ennemi la baïonnette croisée ; moi, je cours avec ma réserve à l'artillerie du camp, et je m'en empare. Je commande à haute voix, et je fais faire autant de bruit que

(1) Expression employée pour exprimer un fusil dont on brise le bois entre la *crosse* et la *culasse*.

j'avais ordonné de silence un moment auparavant. De tous côtés les Autrichiens entendent : *garde à vous, bataillon! — apprêtez armes! — joue!* etc. Il était à peine deux heures du matin, le jour commençait à poindre. Les pauvres diables, surpris et consternés, sortaient de leurs baraques, les uns presque nus, les autres à demi vêtus ; les moins épouvantés courent à leurs armes, mais ils trouvèrent les faisceaux renversés et les fusils rompus.

Je crie alors « Rendez-vous à discrétion ou je ne fais grâce à personne ». Cette injonction était inutile, car nul d'entre eux ne pensait plus à résister. De suite je me transporte à la baraque du général qui s'habillait à la hâte ; quand j'entrai, il me dit d'un ton impérieux : « Vous êtes mon prisonnier ! » Je me mis à rire. « Vous êtes pardonnable,
« M. Krasmer, lui répondis-je, car vous dor-
« mez encore ; mais pour vous réveiller en-
« tièrement, je vous apprends que c'est vous
« qui êtes le mien : remettez-moi donc votre
« épée. »

Le général obéit sans répondre une syllabe. Je lui ordonnai de me suivre ; il faisait un temps abominable; mais il fallait rejoindre les autres prisonniers.

L'eau tombait par torrents; le pauvre général Krasmer vit toute sa troupe désarmée rangée en bataille sur trois rangs, pour que mes officiers pussent les compter et en tenir note; il assista donc à cette revue, qui fut probablement la plus désagréable qu'il ait passée de sa vie.

Pendant que je faisais mettre en ordre mes prisonniers (il y en avait trois mille), un officier autrichien me tira par ma giberne : étonné de cet appel inattendu, je me retourne, et lui fais signe d'attendre; je donne l'ordre de le faire sortir des rangs, et je hâte la fin de cette revue.

Dès qu'elle fut terminée, je chargeai le commandant Baillon de conduire au quartier impérial M. le général Krasmer, ses officiers et les trois mille prisonniers que je venais de faire; je lui recommandai d'avoir pour ce général prisonnier tous les égards dus à son rang. Le commandant m'assura que toutes mes intentions seraient remplies; et, muni de mes instructions, il se disposa à partir

Je ne voulus pas conduire moi-même le général autrichien à Sa Majesté, parce que je n'avais pas fini tout ce que j'avais en tête; mais je fis partir de suite mon adjudant pour faire tirer le coup de canon dont j'étais convenu pour signal de succès : c'était tout dire, et j'étais bien aise de la surprise agréable que j'allais causer plus tard à Napoléon lors de l'arrivée du commandant Baillon.

Mon adjudant avait aussi l'ordre de faire arriver mon artillerie. Dès que j'eus donné à chacun ses différentes instructions, je revins à la baraque du général Krasmer, et je m'y fis suivre par l'officier autrichien qui m'avait tiré la giberne pendant la revue; cet homme me révéla des choses importantes pour l'armée française.

Il me dit que si je voulais me porter sur le château de Brinsdorff, éloigné de près de deux lieues de l'armée autrichienne, et au plus à une demi-lieue de nous, sur le bord du Danube en descendant le fleuve, il me serait très facile de le prendre avant qu'il ne fût secouru ; que ce château était rempli de vivres de toute espèce, qu'il y avait un magasin considérable d'effets différents, destinés pour l'armée autrichienne ; que la garnison qui était chargée de la défense de ce poste important était d'environ deux mille hommes, avec une très forte ambulance ; enfin que ce château n'était pas en état de résister à de l'artillerie. Pour toute réponse je dis à mon officier : Monsieur, vous m'y conduirez. Aussitôt je le place entre quatre fusiliers et un caporal, et je lui ordonne de marcher devant moi.

Le commandant Baillon commençait à défiler pour conduire nos prisonniers, je l'appelai, et le chargeai d'un mot pour le major général. J'écrivais que j'allais m'emparer d'un donjon à quatre tourelles où j'espérais trouver de bon vin pour réconforter mes soldats des fatigues de la nuit.

Le commandant me demanda la permission de revenir avec son bataillon de réserve, aussitôt après avoir conduit ses prisonniers. Je l'y engageai, et lui dis d'escorter mon artillerie, que j'attendais impatiemment ; pendant ce temps je fis rafraîchir ma troupe avec les vivres que nous avions trouvés.

Disons maintenant pourquoi cet officier allemand trahit son devoir et l'honneur en me donnant tous ces renseignements. Cet homme avait été maltraité par ses chefs ; il avait fait cette dernière guerre à regret et très malgré lui. Dans la campagne d'Austerlitz j'avais été logé chez son père, et je lui avais rendu quelques légers services ; ces considérations l'avaient déterminé à en agir ainsi. Malgré le mépris qu'inspire toujours la trahison, je crus devoir promettre à cet Autrichien de le faire récompenser si tous les renseignements qu'il m'avait donnés se trouvaient exacts ; effectivement, il eut par la suite sa liberté, et l'on eut beaucoup d'égards pour lui.

Revenons au château de Brinsdorff. Il se passa deux heures avant que mon artillerie arrivât ; j'eus le temps de reconnaître Brinsdorff. Je mis mes pièces en batterie, et j'envoyai un parlementaire au gouverneur, en lui signifiant qu'il eût à me rendre sur-le-champ son fort, avec tout ce qu'il contenait. Mon parlementaire revint avec un refus : le gouverneur lui avait répondu que sans doute j'étais un chef de patrouille égaré ; que j'eusse à me retirer bien vite, qu'autrement il allait me faire enfermer.

Cette insolente réponse fut aussitôt suivie d'une volée de vingt-quatre pièces de canon et de huit obusiers. Après ce *bonjour*, le pauvre gouverneur (c'était un colonel) n'attendit pas le reste du compliment, il demanda à capituler. Je cessai de tirer, mais j'exigeai qu'il se rendît, sans observation, à pied devant mes batteries avec ses officiers; il y vint, s'excusant beaucoup sur ce qu'il croyait impossible que l'armée française pût l'attaquer à l'improviste, car il lui semblait qu'elle ne pouvait effectuer son passage sans avoir l'armée autrichienne en tête pour le lui disputer. « Vous voyez (lui dis-je)
« qu'il ne faut jamais rien regarder comme
« impossible avec nous; l'armée française
« est maîtresse du fleuve, et sans que vos
« généraux se soient doutés du mouvement
« qu'elle a opéré pour cela. M. Krasmer,
« votre général d'avant-postes, est pris avec
« ses vingt-deux grosses pièces, ses trois
« mille hommes et sa ligne retranchée; il
« faut me remettre sur-le-champ votre châ-

« teau, et tout le matériel qu'il contient. Vos
« malades et vos blessés seront protégés et
« respectés ; leurs officiers de santé resteront
« avec eux jusqu'à nouvel ordre. Votre gar-
« nison sera prisonnière ; mais je laisse-
« rai aux officiers leurs chevaux et leurs
« bagages. »

Le gouverneur baissa la tête, en jetant un coup d'œil sur mes trente-deux bouches à feu prêtes à tirer, et il me remit son épée.

Ses deux mille soldats défilèrent et posèrent leurs armes devant nous. Je chargeai M. Lenoir, commandant l'un des bataillons qui composaient ma petite armée, de la conduite de ces nouveaux prisonniers ; je lui donnai l'ordre de se rendre vers le général Oudinot et vers le major général, afin de les instruire du résultat heureux de ma dernière expédition, et de les prévenir en même temps que j'allais laisser garnison, fortifier cette position pour la mettre à l'abri d'un coup de main, et que je reviendrais ensuite à ma division avec le reste de mes troupes, à moins qu'on ne jugeât à propos de m'adresser de nouveaux ordres à Brinsdorff.

J'entrai dans le château ; j'y trouvai des magasins magnifiques et des provisions immenses qui furent pour notre armée d'une utilité incalculable. Dans les salles de l'ambulance je trouvai jusqu'à deux mille blessés, ce qui porta à sept mille le nombre des prisonniers que je fis dans cette nuit sans perdre un seul homme. Si l'on fait attention aux magasins dont je venais d'enrichir nos troupes, à la prise d'un général ennemi, à l'enlèvement de vingt-deux pièces de canon, à la prise de possession d'un passage du fleuve, passage peut-être impraticable autrement ; si, dis-je, l'on pense à tous ces avantages, et qu'on se rappelle que mon projet fut exécuté presque sous les yeux de l'Empereur, qui me confiait ce coup de main ; on me permettra de compter cette nuit pour un de mes titres à l'estime de l'armée, et l'on m'excusera d'en avoir donné tous les détails aussi longuement.

Je laissai dans Brinsdorff, qui ne ressemblait pas mal à une petite cité, cinq cents hommes d'infanterie, sous le commandement de M. le chef de bataillon Garçon ; je l'établis gouverneur du château *aux quatre tourelles*, ensuite je me disposai à revenir dans l'île de Lobau; ainsi se termina cette agréable expédition. Ne recevant point d'ordres contraires du quartier impérial, je partis de Brinsdorff, après avoir de nouveau recommandé les blessés nombreux que j'y avais pris, et je rejoignis ma division. Les grenadiers et voltigeurs reprirent aussitôt leurs places dans leurs corps respectifs, et j'eus soin qu'ils reçussent la récompense qu'ils méritaient.

Le 5, l'armée française se mit en mouvement en passant par la droite de l'île de Lobau, pour se rendre dans la belle plaine d'Enzersdorf. Le 2ᵉ corps avança sur cette petite ville, qui fut prise aisément, et nous continuâmes à canonner l'ennemi chaque fois qu'il s'arrêtait ; nous le conduisîmes ainsi jusqu'à ses retranchements. Notre division, formant toujours la moitié du 2ᵉ corps, arriva devant la ligne ennemie entre la Tour-Carrée et Baumersdorf, vers cinq heures de l'après-midi. Nous nous battîmes une heure à peu près à coups de canon ; mais sans doute le général reconnut l'inutilité de cette attaque que je jugeai d'avance mal combinée, car il donna l'ordre de quitter cette position, et nous dûmes nous porter à gauche, en face de Baumersdorf.

Ce village était très bien fortifié et plein de troupes ; je reçus l'ordre d'en chasser l'ennemi. Les dispositions qui me furent ordonnées venaient un peu tard ; mes efforts ne furent pas inutiles, mais ils ne furent pas suffisants pour obtenir l'abandon de ce poste. Pendant toute cette journée et jusqu'à dix heures du soir, nous y fîmes en vain pleuvoir une grêle de boulets. Je concevais pourquoi nous ne réussissions pas dans cette attaque, nous avions négligé de nous assurer d'un passage par lequel l'ennemi recevait continuellement du renfort ; bref, on n'avait pas bien reconnu le point attaqué. On ordonna aux grenadiers réunis de notre corps d'armée (2ᵉ corps) de charger à la baïonnette ; mais cette formidable colonne fut repoussée encore, tant il est vrai qu'une première faute entraîne des accidents incalculables. En effet, cette colonne de vieux et intrépides soldats revint en désordre, et les grenadiers, furieux de la fausse démarche qu'on leur avait fait faire, vinrent en frémissant se rallier derrière mon artillerie ; je ne savais pas trop comment cela finirait, car l'ennemi recevait toujours des troupes fraîches. Je résolus d'abîmer le village de manière à ce qu'il fût impossible de s'y établir davantage ; je dirigeai alors tous mes obusiers sur les plus grosses maisons où je présumais (comme cela se trouva vrai) qu'il y avait des magasins. J'eus dans moins d'une heure réduit ce malheureux village dans l'état le plus déplorable : le feu se répandit partout, il ne fut plus possible aux Autrichiens d'y rentrer, non plus qu'à nous. Toute la nuit nous fûmes éclairés par l'incendie ; ce spectacle était affreux.

Nous restâmes en batterie jusqu'au jour, sans tirer un coup de canon ; ce jour terrible éclaira la célèbre et mémorable bataille de Wagram, où j'eus le bonheur de trouver encore l'occasion de me faire remarquer.

BATAILLE DE WAGRAM,

Gagnée par Napoléon, le 6 Juillet 1809.

CHAPITRE XVIII

Bataille de Wagram.

L'armée autrichienne était en bataille sur une hauteur faisant face au midi ; sa droite, appuyée au Danube, occupait la forêt qui se trouve entre ce fleuve et Lang-Enzersdorf. C'est à la gauche de ce grand village que commence la position qu'avait choisie l'ennemi. Elle s'étendait du côté de Presbourg jusqu'à la Tour-Carrée où il avait appuyé sa gauche. La ligne des Autrichiens (dont le centre était à Wagram) avait six lieues d'étendue, et elle était toute hérissée de troupes et de canons.

L'armée française était en bataille dans la plaine d'Enzersdorf, sa droite du côté de Presbourg, sa gauche à l'île de Lobau.

L'ennemi nous attaqua par son centre à

trois heures du matin, en face de Baumersdorf; ce village brûlait encore depuis la veille. Nous nous canonnâmes pendant deux heures dans cette position, mais je jugeai bien que ce n'était encore là qu'un léger prélude; en effet, la jeune Garde étant arrivée à notre hauteur par la gauche, et la vieille Garde l'appuyant en seconde ligne, je reçus l'ordre de prendre le commandement de toutes les batteries d'artillerie du 2⁰ corps d'armée, et de me porter avec rapidité vers ma droite, pour attaquer l'ennemi en face de la Tour-Carrée, tandis que le 3⁰ corps devait enlever la position de gauche de l'ennemi, en la prenant à revers. Pour protéger ce mouvement, il fallait me porter successivement à gauche jusqu'à ma première position, attirant sur moi seul l'attention et le feu de l'ennemi. Un corps nombreux de cavalerie était chargé de soutenir cette manœuvre délicate, que j'exécutai avec un rare bonheur.

Aussitôt que je fus arrivé en face de la Tour-Carrée, j'attaquai l'ennemi avec impétuosité, et ce fut alors seulement que l'affaire devint générale.

De son côté le 3ᵉ corps (maréchal Davout) avait abordé vigoureusement l'ennemi, et, après une vive canonnade, suivie de plusieurs charges d'infanterie et de cavalerie, il avait enlevé la Tour-Carrée.

Les Autrichiens, qui jusque-là avaient vaillamment défendu leur position de gauche, furent alors obligés de l'abandonner, et de se replier sur la droite. Ils exécutèrent d'abord ce mouvement en bon ordre; mais, lorsqu'ils eurent abandonné leur position de gauche, je commençai à faire jouer mon artillerie : quand l'ennemi faisait front au 3ᵉ corps, je l'abîmais par son flanc droit, et quand il me faisait face, le 3ᵉ corps l'écrasait par son flanc gauche; je profitais de tous ses mouvements pour me porter tantôt à droite, tantôt à gauche, et me tenir toujours à portée de le saluer. C'est ainsi que nous le menâmes jusqu'à Baumersdorf, où il arriva vers midi. L'action devint encore plus vive sur ce point, et à une heure nous étions maîtres du village.

Avant de se retirer, le prince Charles avait fait mettre le feu aux trois ponts qui étaient dans cet endroit. Il espérait nous arrêter quelque temps; mais bientôt ils furent réparés par mes soins, et nous nous trouvâmes en mesure de poursuivre l'armée autrichienne : car, pendant que j'étais occupé à la réparation des ponts, j'avais reçu de la réserve six batteries de douze et d'obusiers à grande portée ; ces batteries étaient servies par six compagnies du 5e d'artillerie à pied. Je pensai à tirer un parti convenable de ces forces, et voici les dispositions que je pris.

Je fis passer les ponts à toute mon artillerie, et, dès que je fus de l'autre côté, je fis faire halte à ma troupe, en disant au chef de bataillon qui commandait les six batteries, qui venaient de m'arriver, de faire mettre les *prolonges*, et d'attendre mes ordres. J'avais fait faire la même manœuvre aux deux colonnes de droite ; sans perdre de temps, je monte sur la hauteur qui dominait la position de Baumersdorf, et je vis la manière dont l'ennemi s'était placé. Je m'aperçus aussi que j'aurais assez de terrain pour me déployer et me mettre en batterie ; j'ordonne alors à mon artillerie à pied, qui était à gauche, de se mettre en marche aussitôt que je serais maître de la position, et de ne pas dépasser ma gauche jusqu'à ce qu'elle reçût de nouvelles instructions. Je me portai ensuite au galop à la tête des deux colonnes d'artillerie légère. Je leur expliquai avec le plus grand soin la manœuvre que j'allais faire, afin que nul malentendu n'en pût empêcher la réussite.

Je plaçai mes canonniers à cheval en avant de leurs pièces, en escadrons ; je fis rester chaque commandant de pièce à la tête de sa pièce, les artificiers à leurs caissons, et les pourvoyeurs à la suite de leurs pièces, ayant tous trois coups à mitraille dans chaque sac.

Les choses étant ainsi réglées, je leur ordonne de me suivre et de se mettre en batterie sur la hauteur, en chargeant les pièces à mitraille (excepté les obusiers, qui le seraient d'obus), pendant que j'attaquerais l'ennemi avec mes canonniers à cheval. Je me mets alors à la tête de mes escadrons d'artillerie légère, et leur dis : « Amis, nous al-
« lons charger l'artillerie autrichienne, et
« enlever cette position ; mais il ne faut pas
« vous amuser à ramener les canons que

« nous allons prendre : sabrez les canonniers
« et les soldats du train à leurs pièces. La
« charge se fera avec impétuosité et en four-
« rageurs ; mais, dès que je ferai sonner le
« ralliement, il doit se faire à la place des che-
« vaux, en arrière de leurs bouches à feu ;
« pendant que vous l'effectuerez, il y aura
« déjà un coup par pièce de tiré. Notre
« mouvement sera soutenu par le 10ᵉ d'in-
« fanterie légère, qui est à notre gauche.
« Cette manœuvre est sûre si elle est bien
« exécutée, et la bataille doit être infaillible-
« ment gagnée (1). »

Pendant ce détail indispensable, l'Empereur arriva ; voyant mes dispositions, il me dit : « Le succès est certain ; allons, *mon vieux*
« (en me frappant sur l'épaule), à toi la

---

(1) Pendant que je haranguais ma troupe, le 10ᵉ régiment d'infanterie légère, commandé par le colonel Bertesenne, s'était porté sur le revers et à gauche de la position à enlever ; nous étions convenus, le colonel et moi, que, pendant que je sabrerais les canonniers autrichiens à leurs pièces, il monterait sur la hauteur pour prendre l'ennemi en flanc, et qu'aussitôt que je ferais rallier ma troupe, il commencerait le feu avec la sienne, qu'alors je le soutiendrais par celui de mon artillerie.

« pomme ! il faut enlever la position et mar-
« cher sur Wagram. » — Je réponds : « Sire,
« dans une heure la position sera enlevée et
« Wagram pris, ou je n'existerai plus ! » Je
me mets alors à la tête de mes escadrons, je
pars au trot, puis au galop ; j'arrive ainsi sur
la hauteur. La charge sonne ; mes canonniers
l'exécutent avec ce courage et cette ardeur qui
les a toujours distingués : l'ennemi est partout renversé, culbuté. Je fais ensuite sonner
le ralliement, et, depuis que je fais la guerre,
je n'ai jamais vu troupe se rallier avec autant
de précision.

Tandis que mes canonniers mettent pied à
terre, je fais allumer les lances et faire feu.
Bientôt l'ennemi, écrasé par mes batteries et
voyant notre infanterie arriver par ma droite,
se met en retraite sur Wagram, laissant
plusieurs canons dans la position qu'il
abandonnait ; je le suivis en lançant sur lui
une grêle d'obus qui lui faisaient un mal
horrible.

Le résultat de la manœuvre que je viens
de décrire fut que le 2ᵉ corps, et le 3ᵉ qui
était à sa droite ainsi qu'une bonne partie
de la cavalerie, ayant fait un *à-gauche*,

l'armée française se trouva placée *en potence*, ayant Wagram à l'angle de cette potence. Je me portai sur-le-champ avec mon artillerie à cheval en avant par *échiquier :* de cette manière j'avais toujours la moitié de mes pièces faisant feu, tandis que l'autre avançait.

Je parvins ainsi à gagner l'extrémité droite du camp ennemi, qui était à la gauche de Wagram ; n'étant plus gêné par les *trous de loups* que l'ennemi avait fait faire dans son camp, je me portai rapidement en avant, en obliquant un peu à droite. Dans cette position la droite de mon artillerie se trouva en batterie derrière Wagram, le centre faisant face au midi, ma droite au nord, et ma gauche à l'est ; alors mon artillerie à pied, sur laquelle je comptais pour le grand coup, étant arrivée, je la fis mettre en batterie à ma gauche, faisant face à l'ouest.

Mes batteries de droite faisaient déjà par leur feu un mal horrible à Wagram ; mais lorsque je fis jouer mes six batteries de douze et d'obus de huit pouces, l'ennemi n'y put plus tenir et, un quart d'heure après, il voulut sortir de Wagram ; mais il fut renversé de toutes parts par la mitraille et contraint de mettre bas les armes.

Cependant le 2ᵉ corps d'armée prenait position à droite, sur le bord d'un ruisseau, à une demi-lieue en avant de Wagram. Je me mis aussitôt, avec mon artillerie à cheval, à la poursuite de l'ennemi, qui se retirait par la route de Bohême et de Moravie ; la cavalerie légère me suivait ; mais, quand je fus arrivé à une lieue en avant du 2ᵉ corps d'armée, je reçus l'ordre de m'arrêter et de laisser à cette hauteur deux batteries d'artillerie à cheval avec la cavalerie légère. Je fis placer mes batteries à droite et en arrière d'un grand village qui se trouvait à l'embranchement des routes de Bohême et de Moravie, et je rentrai au bivouac, où était toute mon artillerie.

La cavalerie légère, à laquelle j'avais laissé deux batteries d'artillerie à cheval pour poursuivre l'ennemi, fut attachée au 2ᵉ corps d'armée à dater de ce moment.

J'ai eu dans cette bataille (qui a été une des plus terribles que l'on ait vue), tant la veille que le jour, cinq chevaux tués sous moi ; ma jambe gauche, fracassée à la bataille d'Essling, n'était pas encore cicatrisée, et j'étais couvert de contusions.

Vers les six heures du soir (deux heures après l'affaire), l'Empereur, qui visitait le champ de bataille, vint au bivouac de notre corps d'armée ; se promenant avec le général Oudinot, qu'il venait de nommer *maréchal*, il m'aperçut dormant sous un obusier et dit au maréchal Oudinot : « Voilà Seruzier qui
« dort : il a besoin de repos ; mais il faut
« le réveiller, car je veux lui parler ». Le baron de Lorençay, chef d'état-major du corps d'armée, vint à moi et me dit : « L'Empereur
« vous demande ». Je me lève aussitôt, mais je ne pouvais me remuer ; j'arrive cependant *clopin-clopant*, en soutenant ma jambe gauche avec les deux mains, et, saluant Napoléon, je lui dis : « Sire, je me rends à vos
« ordres. — Tu me feras pour demain un état
« de tes pertes ; tu m'en remettras ensuite un
« autre pour l'avancement et les récompenses
« que tu demandes pour tes canonniers. — Il
« doit être prêt, Sire ». Sur-le-champ je l'envoie chercher : on finissait de le mettre au net ; je le signe et le présente à l'Empereur : il prend ma plume et écrit en marge *accordé;*

il me demande ensuite où étaient mes artilleurs ? Je répondis qu'ils étaient au fourrage. « Je suis content de toi (dit-il alors) « et je te fais *baron*, avec une dotation de « quatre mille francs de rente ; dis à ton « artillerie qu'elle s'est immortalisée dans « les journées d'hier et d'aujourd'hui. » L'Empereur me quitta à ces mots, en me laissant plein d'admiration et de reconnaissance.

Après cette bataille, l'Empereur assura l'existence de tous les *amputés ;* tous les militaires dans ce cas, jusqu'au grade de lieutenant, reçurent des dotations de cinq cents francs de rente ; les capitaines et chefs de bataillon ou d'escadron eurent deux mille francs de rente, et les officiers de grades supérieurs reçurent de plus fortes récompenses.

CHAPITRE XIX

Paix de Presbourg.

Le 7 juillet l'armée se remit en marche et se porta sur Znaïm. Fidèle à la loi que je me suis faite de ne parler dans ces Mémoires que des choses où j'ai eu une grande part, je ne dirai rien du combat qui eut lieu devant cette ville, ni de la suspension d'armes qui le suivit. Le traité de Presbourg est également connu de tout le monde, je vais donc passer aux faits suivants, qui me sont particuliers.

Pendant qu'on traitait de la paix à Presbourg, l'armée prit ses cantonnements. Le 2ᵉ corps (commandé par le maréchal Oudinot, connu sous le nom de *duc de Reggio*) vint camper en avant de Vienne, sur le champ de bataille même de Wagram. Je fus chargé de faire ramasser et conduire à mon parc les armes françaises et autrichiennes, ainsi que les projectiles qui étaient restés sur le champ de bataille ; ensuite nous fortifiâmes notre camp et fîmes des ouvrages avancés qui le rendirent bientôt un des plus beaux camps retranchés qu'on ait jamais vus : c'était le but de promenade de toutes les dames de Vienne ; nous y passâmes l'été d'une manière fort agréable : notre artillerie faisait ses écoles comme en garnison.

Les canonniers à cheval et les soldats du train étaient logés chez les paysans ; ils travaillaient chez eux comme je le leur avais fait faire en Prusse, et tout annonçait que si nous désirions la paix, nous étions bien préparés pour la guerre.

Au commencement de l'hiver, notre armée s'étant retirée, le 2ᵉ corps où j'étais partit pour la basse Autriche ; de là nous fûmes en Bavière, ensuite dans le grand-duché de Bade ; enfin, vers la fin de janvier 1810, nous rentrâmes en France.

On me dirigea sur Strasbourg, où je commandai l'école d'artillerie pendant environ six semaines ; je fus ensuite envoyé à Metz pour le même objet. Le 23 mars, je partis de Metz et me mis en route pour Besançon, où non seulement j'étais encore commandant d'école, mais je fus en outre chargé d'une mission fort importante : c'était la remonte de l'artillerie et l'organisation de trois bataillons du train. On voit que, pendant la paix comme pendant la guerre, la confiance du souverain ne m'abandonna jamais.

Je reçus à Besançon mon brevet de colonel d'artillerie, sous la date du 29 janvier 1812 ; je reçus en même temps l'ordre de me rendre à Wesel, et de là à Munster, en Westphalie. Mes bataillons étant organisés et mon artillerie remontée, je fis partir ma troupe le 2 février, et je pris la poste le 18 pour la rejoindre ; dix jours après j'étais à Munster, où j'attendis mon régiment (le 5ᵉ d'artillerie à cheval), qui n'arriva que le 10 mars.

CHAPITRE XX

Campagne de Russie. — Batailles de Smolensk et de Valutina-Gora.

On réunit dans Munster notre matériel avec celui du train, et l'on organisa douze compagnies prises dans les 1er, 2e et 4e régiments d'artillerie légère, pour les appliquer au service de douze batteries de 6, et d'obusiers de 24 (batteries allongées), ce qui formait soixante-douze bouches à feu ; chaque chef d'escadron avait deux de ces batteries. On plaça cette belle artillerie dans le 2e corps de réserve de cavalerie, commandé par le général comte Montbrun, sous les ordres du roi de Naples, qui commandait en chef toute la réserve de cavalerie, forte de vingt-cinq à trente mille hommes (1).

Nous quittâmes Munster le 13 mars et fûmes dirigés sur Leipsick. Nous ne séjournâmes pas dans la ville, mais nous restâmes dans ses environs pendant huit jours, après quoi nous fûmes cantonnés près de Custrin sur l'Oder. Enfin, nous nous rendîmes à Bromberg, petite ville de Prusse à seize lieues de Thorn ; au bout de quelques jours, les différents corps d'armée filèrent et prirent d'abord la ligne d'Elbing, Marienverder, Thorn, Plotzk, Varsovie et Lublin. Nos troupes s'approchèrent ensuite des bords du Niémen, et l'Empereur établit son quartier général à Gumbinen. Après plusieurs négociations, la guerre fut déclarée le 22 juin, et, des ponts ayant été établis en face de Kowno (2), le 23 l'armée française passa ce fleuve et se trouva sur le territoire russe.

---

(1) Cette réserve ne formait que la moitié de la cavalerie de l'armée, car chaque corps avait avec lui deux mille quatre cents chevaux ; il y avait dix corps d'armée et la garde impériale.

(*Note de l'Éditeur.*)

(2) Kowno est une ville du gouvernement de Wilna

Cette campagne de Russie, tant de fois décrite par plusieurs officiers français, ne sera point détaillée par moi d'une autre manière que les précédentes, bien que je me sois trouvé dans le cas de pouvoir rendre compte d'un grand nombre d'événements ; je me bornerai toujours à ne rapporter que ceux qui me concernent particulièrement, sans me permettre de hasarder aucune conjecture sur les causes ou les résultats de cette guerre.

Une fois le passage effectué devant Kowno, nous nous trouvions maîtres des deux rives de la Wilia : le duc de Tarente avait passé le Niémen devant Tilsit ; le prince de Schwartzenberg, qui était vers Lublin à l'extrémité de la ligne, avait passé le Bug ; enfin toute l'armée se trouvait sur le territoire russe vers la fin de juin. Nous marchâmes sur Wilna, capitale de la Lithuanie,

---

(Lithuanie), située au confluent des rivières de Wilna et du Niémen ; il y a environ deux mille deux cents habitants ; toutes les marchandises qui vont et viennent entre Wilna, Memel et Kœnigsberg passent par Kowno.

(*Note géographique.*)

où Napoléon établit son quartier général (1) ; l'on nous ordonna ensuite de marcher sur Smolensk (2). Le corps d'armée dont je faisais partie y arriva sans combattre, à moins que l'on ne veuille donner le nom de combats à quelques affaires d'avant-garde qui avaient toujours lieu entre nos éclaireurs et l'arrière-garde ennemie jusqu'à Smolensk, mais, aux environs de cette ville, cette arrière-garde cessa de se retirer devant nous, et alors elle fit une résistance très forte. Nous avions l'ordre de prendre Smolensk : mais nous ne l'emportâmes qu'après de grands efforts ; il est même à présumer que

---

(1) Wilna est une très grande ville ayant vingt mille habitants.
(Note géographique.)

(2) Cette ville est à peu près à moitié route de Wilna à Moskow ; elle est sur le Dniéper et contient environ dix mille habitants ; elle est ceinte de murailles de trente pieds de haut et de quinze d'épaisseur, de très hautes tours, d'un fossé, d'une espèce de chemin couvert et de quelques redoutes modernes. Son commerce s'étend en Ukraine par le Dniéper, à Dantzig et à Riga par la Dwina.
(Note géographique.)

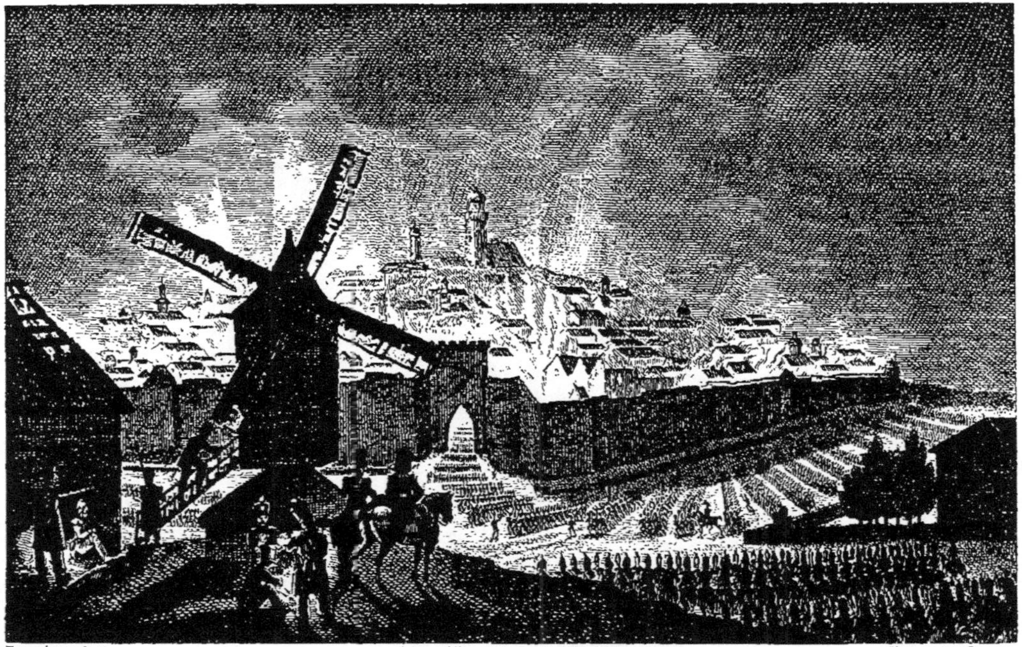

Dessiné par C. F. — Gravé à l'Eau forte par Couché fils — Terminé par Bovinet

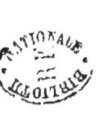

BATAILLE DE SMOLENSK,

Gagnée par Napoléon, le 17 Août 1812

BIBLIOTH. NATIONALE RF

si je n'avais pas eu le bonheur de trouver un endroit guéable, pour passer le Dniéper avec l'artillerie sous mes ordres (les eaux du Dniéper étaient alors très basses), nous n'aurions pas eu la ville sans une perte beaucoup plus considérable.

Dès que j'eus acquis la certitude que mes canons pouvaient passer à gué sans danger, je fus tranquille sur le résultat de l'attaque. En effet, mon artillerie ne fut pas plutôt sur l'autre rive avec notre cavalerie, qui suivait mon mouvement pour le protéger, que l'ennemi évacua la ville en mettant le feu à toute la partie qui n'était pas encore à nous (1).

(1) Ce fut le général Korff qui, le 19 août à deux heures du matin, avant de se retirer, fit mettre le feu aux quatre coins de la ville basse qui était bâtie en bois; on ne put y porter de secours, elle fut entièrement consumée.

Dès lors on pouvait aisément faire la réflexion que cette méthode barbare de brûler les villes avant de les abandonner aux Français, pourrait à la fin sauver la Russie sans lui faire éprouver de grandes pertes, puisque les villes sont éloignées, et en fort petit nombre; par ce moyen les Russes, en enlevant à nos soldats les ressources sur les-

Avant d'arriver à Smolensk, le corps du prince Eugène et la réserve de cavalerie, sous les ordres du roi de Naples, eurent de beaux engagements avec l'ennemi à Ostrowno ; ils eurent constamment l'avantage. De son côté, le prince d'Eckmülh battit le prince Bagration au combat de Mohilow ; le duc de Reggio et le duc de Tarente eurent aussi de

quelles ils comptaient pour vivre, devaient finir par affamer l'armée, car il était très difficile d'établir des services réguliers dans un pays où nous ne pouvions avoir d'entrepôt. De là le pillage des villages où nos soldats allaient chercher des vivres ; ces mesures que nécessitaient les circonstances, forçaient les paysans à s'enfuir ; ils s'armaient en abandonnant leurs propriétés, et insensiblement la guerre devenait nationale.

Tout le monde ne pensait pas à cela d'abord : mais les hommes habitués à réfléchir le voyaient assez, et la position pénible où nous fûmes après la prise de Smolensk, qui n'était qu'à moitié détruite et d'où les Russes n'avaient presque rien enlevé, fit pressentir à plusieurs officiers généraux les dangers et les malheurs qui pouvaient nous atteindre. Pour moi j'avoue que, malgré nos victoires, je n'ai jamais, sans trop en savoir la cause, partagé la confiance excessive des troupes relativement aux résultats de cette désastreuse campagne.

(*Note de l'Éditeur.*)

grands avantages, et le prince de Schwartzenberg, avec le corps du général Régnier, mit les Russes en déroute à Gorodeczna.

Après l'incendie de la ville de Smolensk, le général russe Korff se dirigea avec son arrière-garde sur les hauteurs de Valutina-Gora ; un combat très sanglant eut lieu entre les Français et ce général russe, qui avait fait sa jonction avec le prince de Wurtemberg ; mais le maréchal Ney et le prince d'Eckmühl furent victorieux ; nous eûmes à regretter le brave général Gudin. Les Russes perdirent huit mille hommes et plusieurs généraux ; ils avaient mis une espèce de fanatisme à défendre ce plateau, qu'ils regardaient comme inexpugnable.

Notre armée marchait toujours en avant ; mon artillerie à cheval, et les divisions de cavalerie légère qui l'escortaient, avaient chaque soir des engagements sérieux avec les Russes ; il fallait toujours se canonner deux ou trois heures avant que l'ennemi consentît à nous laisser prendre une position pour passer la nuit, et souvent nous l'achetions très cher ; toutes les fois qu'il se retirait devant nous, il encombrait les chemins ou rompait les ponts, et moi je m'occupais à les rétablir, avec autant de persévérance qu'ils en mettaient à les détruire ; mes artilleurs étaient sur les dents. Cette manœuvre dura jusqu'à Mojaïsk, et, plus nous approchions de Moskow, plus nous nous apercevions que l'ennemi nous présentait d'obstacles et de résistance. Cependant, je donnais l'exemple à mes sapeurs, pontonniers et canonniers, pour rétablir les communications, les ponts, etc., que les Russes continuaient à rendre impraticables ; enfin, lassés de ma persévérance, ils prirent le parti de charger leurs Cosaques de cette opération destructive de chaque soir, et ceux-ci s'en acquittèrent d'une manière cruelle, en mettant le feu partout ; de sorte que nos soldats commencèrent à ne plus trouver de vivres ni de fourrages qu'avec la plus grande peine. Ces misérables Cosaques frappaient les habitants, les chassaient de leurs chaumières qu'ils brûlaient ensuite, et ces malheureux s'enfuyaient dans les bois avec leurs bestiaux et ce qu'ils avaient de plus précieux.

Pour faire subsister l'armée, on était

obligé d'envoyer de forts détachements pour cerner et fouiller avec soin les forêts ; quand ils trouvaient des vivres ou des fourrages, ils les enlevaient aux pauvres paysans, et l'on conduisait aux bivouacs de chaque corps tout ce que l'on avait rapporté ; alors le chef principal, chargé des différents services, en faisait la distribution.

Je souffrais beaucoup, ainsi que mes artilleurs, mes pontonniers et mes sapeurs, non seulement de la disette des vivres et des fourrages, mais encore de la fatigue excessive des travaux que nous faisions journellement.

Tous les soirs, lorsque je faisais rétablir les ponts pour l'armée qui nous suivait, je voyais mes hommes tomber de faiblesse et d'épuisement ; afin de ranimer leur courage, j'entrais dans l'eau jusqu'à la ceinture et je plantais le premier piquet. Malgré toutes les privations que mes soldats éprouvaient, cette conduite de ma part leur redonnait de l'énergie : ils se levaient, me forçaient à rentrer et se mettaient à réparer les passages sans dire un seul mot.

Depuis Smolensk jusqu'à Mojaïsk, tel fut

notre occupation. C'est sur le territoire de cette petite ville (Mojaïsk) que se donna la fameuse bataille de la Moskowa.

Le 4 septembre au soir, en arrivant à Gridnowo, nous eûmes un combat assez opiniâtre avec l'arrière-garde russe, que nous chassâmes de ce village.

Le 5, jusqu'à deux heures de l'après-midi, nous nous observâmes attentivement : l'armée française arrivait à grandes marches et se mettait en ligne de bataille derrière la position que j'occupais depuis la veille ; ce fut donc à deux heures après-midi seulement que je reçus l'ordre de commencer l'attaque avec mon artillerie et celle du 1er corps (prince d'Eckmülh). Cette attaque devait se diriger sur une grande et formidable redoute placée en avant du champ de bataille ; je la canonnai de la manière la plus terrible jusqu'à dix heures du soir ; de son côté, elle nous ripostait avec une égale vivacité ; nous perdîmes là beaucoup de monde ; mais, comme l'ordre était précis, il fallait l'enlever.

On n'était plus éclairé depuis longtemps que par le feu des batteries, lorsqu'on se décida à marcher à la baïonnette sur la grande redoute. Après plusieurs assauts, tous très sanglants, la division Compans (5ᵉ du 1ᵉʳ corps) s'y logea et en demeura maîtresse ; je retournai aussitôt à ma première position. Il était onze heures du soir lorsque je passai près de la redoute qui nous avait coûté si cher ; elle était jonchée de morts et de mourants.

Le lendemain 6, pendant que l'on chargeait mes caissons au complet (car je venais d'envoyer chercher un double approvisionnement au grand parc), je reçus un ordre qui, par son importance, me fit juger de la grandeur de l'effort que l'on voulait tenter contre l'ennemi sur un seul point.

Cet ordre m'enjoignait de réunir à mes batteries toute l'artillerie à cheval wurtembergeoise, bavaroise et polonaise, qui, avec la cavalerie légère de ces trois nations, formait un corps considérable. Ces trois corps de cavalerie se joignirent à la division de cavalerie française commandée par le général Montbrun.

Je me hâtai d'exécuter les ordres que j'avais reçus de l'Empereur ; je commençai par arranger cette nombreuse artillerie de manière à ce que les batteries alliées fussent nombre *pairs* et les batteries françaises nombre *impairs*, excepté la dernière de gauche, qui était française. Il résultait de cet arrangement que chaque batterie alliée se trouvait en ligne entre deux batteries françaises.

Je divisai ensuite mon corps d'artillerie en trois grandes divisions de chacune six batteries, confiant le commandement des six de droite au chef d'escadron Romangin, les six du centre au chef d'escadron Pariset, et les six de gauche au chef d'escadron Cly.

Quand je fus en bataille, j'occupais, avec mes distances, une ligne d'environ trois quarts de lieue de terrain ; j'avais en total cent huit bouches à feu. C'est avec ce superbe commandement que je pris part à la mémorable bataille de la Moskowa.

CHAPITRE XXI

Bataille de la Moskowa ou de Mojaïsk (1).

J'ai parlé plus haut des privations et des fatigues que l'armée éprouvait depuis le commencement de la campagne. Son seul désir

(1) Cette bataille, qui fut nommée Mojaïsk ou de la Moskowa par l'Empereur, et bataille de Borodino par les Russes, eut lieu le 7 septembre 1812. Quelques heures avant, l'Empereur, étant à la position prise l'avant-veille, reçut vers les quatre heures du matin tous les maréchaux et chefs de corps d'armée ; il leur donna ses derniers ordres, et le soleil s'étant levé sans nuage à cinq heures et demie (il avait plu la veille), Napoléon leur dit : *C'est le soleil d'Austerlitz.* Aussitôt on battit un ban, et on lut à haute voix l'ordre du jour suivant, qui fut couvert des cris mille fois répétés de *vive l'Empereur.*

ORDRE DU JOUR.

« Soldats, voilà la bataille que vous avez tant désirée !

était une bataille décisive, à la suite de laquelle elle espérait entrer à Moskow, y trouver des vivres en abondance, de bons quartiers d'hiver et une paix glorieuse. On se figurera donc sans peine la joie qu'elle éprouva lorsqu'elle vit l'ennemi l'attendre sur les bords de la Moskowa.

L'armée russe était bien retranchée ; depuis longtemps ses moyens de défense étaient préparés : mais jamais on ne vit une armée plus belle que l'armée française ; et, malgré les privations qu'elle avait éprouvées depuis Wilna, sa tenue était ce jour-là aussi brillante qu'à Paris lorsqu'elle passait la revue de l'Empereur aux Tuileries.

Les difficultés que nous avions à vaincre étaient incalculables, il fallait combattre sur

---

« désormais la victoire dépend de vous : elle nous est
« nécessaire ; elle nous donnera l'abondance, de bons
« quartiers d'hiver, et un prompt retour dans la patrie.
« Conduisez-vous comme à Austerlitz, à Friedland, à Wi-
« tebsk, à Smolensk, et que la postérité la plus reculée
« cite avec orgueil votre conduite dans cette journée ! que
« l'on dise de vous : *Il était à cette grande bataille sous les*
« *murs de Moskow !* »

(Note historique.)

BATAILLE DE LA MOSKOWA.

un terrain étroit, où nos masses, ne pouvant se développer, se trouvaient nécessairement très profondes, et devaient considérablement souffrir par le feu de l'ennemi ; il fallait, en outre, forcer les Russes dans une position formidable, mais depuis nombre d'années nous étions habitués à vaincre ; et si la victoire nous faisait quelquefois payer cher ses faveurs, la présence de notre chef électrisait tous les soldats, et nous ne regardions les obstacles que comme des moyens de plus d'acquérir de la gloire.

La relation de la sanglante bataille de la Moskowa se trouve dans les bulletins officiels et dans plusieurs ouvrages militaires qui ont traité de la campagne de Russie; je me contenterai donc de décrire ici la position des deux armées, les manœuvres dont j'ai été témoin, et de faire part de mes observations particulières. On verra par la suite de cette narration les efforts qu'il nous a fallu faire pour déloger l'ennemi, et le contraindre à nous céder le terrain.

L'armée russe était rangée en bataille sur deux lignes faisant face au midi ; sa droite était à l'ouest et sa gauche à l'est ; la première de ses deux lignes était placée en avant de deux ravins très profonds ; le dernier de ces ravins était soutenu par la seconde ligne et par plusieurs fortes redoutes ; une nombreuse réserve était encore en arrière. Il ne faut pas oublier que, l'ennemi ne pouvant être tourné, il avait rendu ses lignes d'autant plus fortes qu'il n'avait pas eu besoin de les étendre (1).

---

(1) Le colonel Seruzier rapporte ici la position des deux armées d'après celle qu'il occupait ; mais je vais la décrire telle qu'elle était le 5, lorsque les Français attaquèrent et s'emparèrent de la redoute qui était en avant du village de Chewarino.

La droite de l'ennemi, sous les ordres du général Barklay de Tolly, était couverte par un grand retranchement placé devant un bois entouré d'abatis ; ce retranchement faisait face à la Moskowa et au village de Maslowa. L'aile droite, ainsi placée en arrière du village de Borodino, se trouvait naturellement protégée par le cours de la Kologha, petite rivière qui coule dans un ravin, et va se jeter dans la Moskowa.

La gauche, commandée par le prince Bagration, était appuyée au bois de Passarewo ; elle était couverte par trois redoutes ; savoir, deux sur le front de la ligne, et la troisième devant le village de Seminskoe.

Le centre des Russes était sous les ordres du général

L'armée française, rangée aussi sur deux lignes, faisait face au nord, et sa réserve était en arrière du centre de la seconde ligne. L'extrême gauche de l'armée, composée du 4ᵉ corps (armée d'Italie), était à l'ouest, et l'extrême droite, formée par le 1ᵉʳ corps, était à l'est. Le 3ᵉ corps, commandé par le maréchal Ney, et soutenu par la cavalerie aux ordres du roi de Naples, composait le centre. C'est là que j'étais avec mes cent huit pièces.

L'Empereur avait réuni, dès trois heures du matin, dans la grande redoute prise l'avant-dernière nuit, les maréchaux et les lieutenants généraux commandant les corps d'armée, avec les officiers supérieurs comman-

---

Bénigsen; le général en chef Kutusow avait son quartier général près de Gorka; deux grandes batteries avaient été établies sur le point qui formait comme le pivot de ses opérations, et pour couvrir sa gauche il avait fait construire une redoute à douze cents toises de son front, en avant du village de Chewarino; cette redoute était occupée par les troupes de l'arrière-garde; elle fut prise le 5. (*Extrait des Bulletins et Rapports officiels.*)

(*Note de l'Éditeur.*)

dant leur artillerie. Napoléon avait l'habitude avant toutes les grandes batailles de donner lui-même ses instructions à ses lieutenants : il obtenait par là cette harmonie si difficile et pourtant si nécessaire à rencontrer quand on opère avec de grandes masses. Je ne dirai rien de ce qui se passa dans ce conseil, auquel j'eus l'honneur d'assister, parce que rien ne me fut personnel ; ce n'était que sur le champ de bataille que l'Empereur parlait à son *vieux* Seruzier.

A cinq heures les maréchaux et lieutenants généraux ayant reçu directement leurs instructions, retournèrent à la tête de leurs corps, et la bataille s'engagea par notre cavalerie légère en avant et un peu à gauche de la grande redoute, autour de laquelle l'Empereur avait fait mettre sa Garde en carré.

Pendant que nos tirailleurs étaient engagés avec ceux de l'ennemi, j'avais fait déployer une partie de mon artillerie, et, quoique les Russes fissent feu depuis longtemps sur moi, je continuai à marcher en bataille. Cette assurance produit toujours un double effet : elle encourage nos troupes, et déconcerte celles de l'ennemi. J'étais soutenu par notre cavalerie légère, que Napoléon avait fait appuyer par les carabiniers à cheval et les cuirassiers. Il s'agissait de trouver une position avantageuse : je la vois en deçà du premier ravin ; je pars au galop, et je m'en empare avec une partie de mon artillerie, que je fais aussitôt mettre en batterie : je fais pleuvoir sur les Russes une grêle d'obus et de boulets ; j'écrase de mitraille les troupes qu'ils avaient dans le premier ravin, et je les force à l'abandonner. Toute mon artillerie arrive alors en ligne, et l'affaire devient générale.

Le 3e corps, commandé par le maréchal Ney, étant arrivé à notre droite et à notre hauteur, je reçus l'ordre de porter mes pièces de l'autre côté du premier ravin, et de tirer sur le second pour tâcher de forcer l'ennemi à l'abandonner : j'ordonne alors à mes canonniers de faire un feu semblable à celui qu'ils avaient fait sur le premier ravin.

Lorsque les Russes furent forcés de battre en retraite, ils avaient concentré leurs forces derrière le second ravin, et l'avaient rempli de troupes, dont la fusillade nous incommodait beaucoup. Mon artillerie, dont le sang-froid et l'adresse augmentaient toujours en raison du danger, dirigea ses coups plus heureusement encore que la première fois, et l'ennemi éprouva une perte considérable.

Enfin, après une canonnade de quelques heures, le 2ᵉ corps étant en mesure de nous soutenir si nous étions ramenés, il fut décidé qu'on forcerait ce second ravin. Je redouble mon feu; les tambours battent la charge, les trompettes la sonnent; tout est en mouvement, et le ravin est enlevé. Je sentis toute l'importance de ne pas perdre un moment pour mettre mon artillerie en batterie de l'autre côté; je l'y menai au galop. Dès que je fus arrivé je fis charger à obus et à mitraille, et le feu recommença. Je voulais ménager à notre cavalerie légère, qui était ramenée, le moyen de se rallier derrière mes pièces; elle en profita : pendant ce temps-là je culbutai la cavalerie ennemie, qui poursuivait la nôtre. L'ennemi, qui reconnaissait l'avantage que nous donnait sur lui le poste que je venais de lui enlever, redoubla sa canonnade pour me déloger, mais tous ses efforts furent vains.

En ce moment mon cheval tombe raide mort; un obus lui avait éclaté dans le ventre ; je fis un saut comme *Franconi* n'en fera jamais. On me crut tué, mais je n'étais qu'étourdi : je me relève ; on m'amène un autre cheval, et, comme je me préparais à le monter, le brave général Montbrun, qui avait vu ma chute, s'approche de moi pour me demander si je n'étais pas blessé : je le remercie en l'assurant que j'en étais quitte pour une contusion. Au même instant un boulet arrive, le frappe dans la poitrine ; il tombe mort à mes pieds.

Ce fut une grande perte pour l'armée : il faut longtemps pour faire un bon général de cavalerie, et l'Empereur avait perdu dans ses précédentes batailles les généraux Lasalle, d'Hautpoul, d'Espagne, etc., etc. Le général Montbrun avait la confiance de ses troupes ; sa perte était difficile à réparer.

Le général Caulaincourt, frère du duc de Vicence, grand-écuyer de l'Empire, vint de suite remplacer le général Montbrun.

Le roi de Naples et le maréchal Ney, qui sentaient bien que dans la situation où nous

nous trouvions il fallait prendre un parti décisif, se concertèrent alors avec le général Caulaincourt ; il fut décidé que, sans cesser de canonner les masses ennemies, je dirigerais mes obus sur leurs redoutes, et qu'à l'instant où les Russes seraient ébranlés par mon feu, le maréchal Ney marcherait sur ces formidables redoutes et tâcherait de les enlever à la baïonnette ; que pendant ce mouvement la cavalerie légère chargerait sur la gauche, et qu'elle serait remplacée par la première ligne de cuirassiers.

Tout s'exécuta d'après les ordres reçus : mon artillerie fit merveille. On croit le moment favorable ; notre infanterie marche au pas de charge sur les redoutes, et deux fois elle est repoussée. Le maréchal Ney met pied à terre, et, l'épée à la main, charge à la tête des bataillons. Ses généraux l'imitent ; mais, malgré la bravoure de nos troupes, animées par le noble exemple de leurs chefs, nous ne pûmes enlever que la redoute de droite ; nous fûmes repoussés devant les deux autres ; cependant il était absolument indispensable de les avoir ; sans cela l'affaire ne pouvait se décider.

L'Empereur, qui avait suivi des yeux notre attaque, arriva en ce moment avec l'artillerie à cheval de sa Garde et sa cavalerie; il donna l'ordre à la première de me remplacer dans ma position aussitôt que je l'aurais quittée, et me dit de faire comme à Neuwied, en passant entre la seconde et la troisième redoute. Il ordonna au général Caulaincourt de charger l'ennemi avec sa cavalerie légère, et de venir ensuite se rallier derrière mon artillerie. Le maréchal Ney reçut également l'ordre de soutenir notre droite pendant cette charge; la seconde division de cuirassiers devait entrer dans la seconde redoute par sa porte aussitôt que je l'aurais rompue; et l'ordre fut en même temps donné à la quatrième division (composée des carabiniers et de cuirassiers), de faire la même manœuvre sur la troisième redoute. Pendant ce mouvement la cavalerie de la Garde devait remplacer les deux divisions de cuirassiers.

Avant de faire le mouvement difficile qui m'était ordonné, je prévins le commandant de mes six batteries de droite qu'aussitôt qu'il aurait passé entre les deux redoutes il ferait mettre ses pièces sur la droite en batterie, et commencerait le feu à mitraille et obus sur le derrière de la seconde redoute. Je donnai le même ordre au commandant de mes six batteries de gauche pour la troisième redoute, en se mettant sur sa gauche en batterie, pendant que je me porterais en avant avec mes six batteries du centre pour soutenir ma droite et ma gauche, et culbuter l'ennemi au moment où il ramènerait notre cavalerie légère, qui avait reçu l'ordre de se rallier derrière mon artillerie.

Le mouvement ainsi ordonné fut mis à exécution avec la rapidité de l'éclair; après un feu des plus vifs en avant et sur les derrières des deux redoutes, voyant les *chevaux de frise*, qui en fermaient les entrées, pulvérisés par mon artillerie, je fais sonner la la charge, qui s'exécute avec succès; les divisions de cuirassiers entrent dans les redoutes, et sabrent tout ce qu'elles rencontrent. Je profite du moment où elles venaient se rallier derrière mes pièces pour faire mettre mon artillerie de droite et de gauche *face en arrière en batterie sur mon*

BATAILLE DE LA MOSCOWA,
Gagnée par Napoléon, le 7 Septembre 1812.

centre; l'ennemi bat en retraite, et nous le poursuivons vivement. Il se rallia derrière sa réserve : là nous le canonnâmes encore quelque temps ; mais, le voyant faire sa retraite sur Moskow, je fis cesser le feu. Dans cette belle charge j'eus encore la douleur de voir tomber mort à mes côtés le général Caulaincourt ; il fut remplacé par le général Rapp, qui fut blessé dangereusement ; un moment après le général Sébastiani vint prendre ce commandement, si brillant et si périlleux, où nous venions de perdre deux excellents généraux.

Dès ce moment la bataille était gagnée ; l'ennemi se retirait, et laissait sur le terrain un nombre considérable de morts et de blessés ; mais, tandis que nous commencions à nous reconnaître, je remarquai près d'un taillis très prolongé quatre pièces d'artillerie régimentaire qui s'étaient portées en avant de ma position ; je jugeai que le chef de cette artillerie s'était trop avancé, et qu'il exposait ses pièces ; sur-le-champ j'ordonnai à mes artilleurs de rester à leur poste ; et, partant au galop avec un adjudant et mon trompette-major, je poussai jusqu'au taillis, et dis en passant à l'officier d'artillerie qu'il s'était trop avancé, et qu'il aurait dû faire reconnaître le bois. Il me répondit qu'en cas d'attaque il se retirerait sur mon artillerie. J'entre dans le taillis pour savoir au juste à quoi m'en tenir, et je vois un rassemblement considérable de cosaques; aussitôt j'en sors, mais plus rapidement que je n'y étais entré, et, repassant au galop devant le commandant d'artillerie régimentaire, je lui ordonne de se retirer au plus vite. Il allait m'obéir, mais il était déjà trop tard, comme on va le voir dans un instant.

J'entends battre *aux champs* et les trompettes sonner les marches : je me dirige au grand galop de ce côté, et j'aperçois l'Empereur qui passait la revue. On me dit que Sa Majesté m'avait demandé ; je me hâte d'arriver auprès de Napoléon : il me commanda de réunir à l'instant tous mes artilleurs en escadrons. « Sire, ce n'est pas le « moment (répondis-je); nous allons être « chargés. » Au même instant les *hourra* se font entendre, et une nuée de cosaques fondent sur nous de toutes parts ; ils étaient plus de vingt mille. Je cours à mes pièces ; je fais allumer les lances et commencer le feu par mes pièces *impaires ;* mes pièces *paires* continuent à mitrailler ; les obusiers tirent en même temps ; tous les coups portent : mon feu était aussi régulier que dans un exercice. Les cosaques sont culbutés ; mon artillerie en avait fait un tel carnage que les hommes et les chevaux étaient entassés devant mes batteries en si grand nombre qu'ils auraient pu me servir de retranchements dans une attaque. En ce moment je commande : *Canonniers, à cheval ;* et je charge à leur tête le reste de ces cosaques, qui se sauvaient de toute la vitesse de leurs chevaux. Je continuai à pousser cette canaille jusqu'à l'endroit où j'avais vu les quatre canons régimentaires : ils avaient été pris comme je l'avais prédit à l'officier, mais je les ramenai. Je fis ensuite réunir en escadrons mes artilleurs à cheval devant leurs pièces pour attendre la revue de l'Empereur : il vint peu de temps après, et m'adressa la parole avec beaucoup d'intérêt ; il s'informa des pertes que j'avais faites depuis trois jours et remplaça dans les différents grades les officiers que j'avais perdus ;

après il me dit : « Quel est le plus brave de « tous ceux que tu commandes ? — Ma foi, « Sire, je n'en sais rien ; tout ce que je sais « c'est que je suis le plus *capon* ». Cette réponse le fit rire.

A cette revue j'obtins pour mes subordonnés tout ce que j'avais demandé, sans aucune restriction. Quand l'Empereur eut accordé les différentes grâces et récompenses, il me dit : « Il faut finir par toi, puisque tu es « le plus *capon* : je te donne quatre mille « francs de dotation en France (1). — Sire « (repris-je avec une profonde émotion), « puisque les faveurs de Votre Majesté se « répandent sur moi, que cette dotation soit « dans la partie de la France qui m'a vu « naître : sur le canal de Saint-Quentin ; je « désire jouir de vos bienfaits au milieu de

---

(1) Le colonel Seruzier avait reçu une dotation de deux mille francs de revenu à Friedland ; il en reçut une seconde de quatre mille francs à Wagram, avec le titre de baron ; et une troisième également de quatre mille francs sur le canal de Saint-Quentin après la bataille de la Moskowa. Napoléon récompensait grandement les braves de son armée.

(*Note de l'Éditeur.*)

« mes compatriotes et leur prouver que, de
« loin comme de près, je les ai toujours
« aimés. » L'Empereur m'accorda ma demande.

A cette revue, le maréchal Ney fut nommé *prince de la Moskowa* (1).

L'armée russe étant dans le plus grand désordre, tous ses corps abîmés et désunis, la foule des fuyards alla porter l'épouvante dans Moskow, et l'armée française se mit en marche le lendemain de la bataille pour s'emparer de cette ancienne capitale de la Russie.

La journée de la Moskowa avait eu lieu le 7 septembre 1812 (comme je l'ai déjà dit);

---

(1) Cette bataille est la plus sanglante de toutes celles que l'armée française a livrées, par l'opiniâtreté qu'on mit de part et d'autre : les Russes eurent plus de trente mille hommes tués ou blessés, cinq mille prisonniers, dont deux généraux, et trente-cinq généraux hors de combat. La perte ne fut pas si considérable du côté des Français; mais ils eurent vingt mille hommes hors de combat, deux généraux de division tués, cinq généraux de brigade, et beaucoup de généraux blessés, dont sept de division.

(*Note historique.*)

dès le 8 la cavalerie, commandée par le roi de Naples, se mit en marche, et, le 12, elle était à trois lieues de cette ville magnifique, que les Moskovites nomment *la Sainte.*

Cette cavalerie fut un moment arrêtée par l'arrière-garde de l'ennemi, qui s'était ralliée dans de petits retranchements élevés en avant de la ville, de distance en distance ; ce fut l'affaire de trois heures pour forcer les Russes à quitter ces positions et à se jeter dans la ville de Moskow ; nous les y suivîmes, et bientôt cette vaste cité s'offrit à nos regards.

Le roi de Naples ordonna alors de mettre en bataille sa cavalerie et mon artillerie, et il fit sommer le gouverneur Rostopchin de se rendre. L'ennemi nous envoya des parlementaires : il paraît que l'on ne fit aucune difficulté, et que leur parti était pris de nous ouvrir les portes d'abord, et de détruire la ville ensuite ; cependant il fut convenu que nous traverserions Moskow sans nous y arrêter ; que nous nous porterions à deux lieues de l'autre côté, sur la route de Kasan, et que notre avant-garde serait précédée de deux cents toises par un escadron de cosaques.

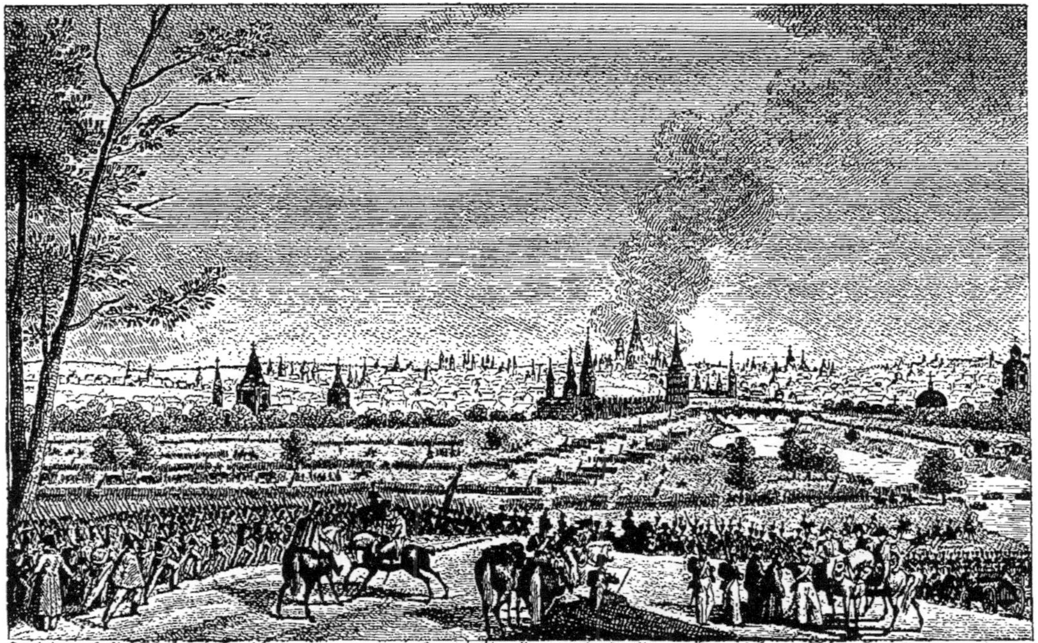

Dessiné par Gudin | Gravé à l'Eau forte par Couché fils | Terminé par Bovinet.

ENTRÉE DANS MOSCOU,

Le 14 Septembre 1812.

BIBLIOTHÈQUE NATIONALE RF

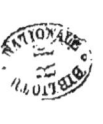

CHAPITRE XXII

Prise de Moskow. — Excursion en Ukraine. — Affaire de Winkowo. — Évacuation de Moskow.

Les choses ainsi décidées, le 14 septembre, à deux heures de l'après-midi, les troupes françaises firent leur entrée dans Moskow de la manière suivante : le premier escadron du 1er régiment de hussards polonais, suivi de deux pièces de mon artillerie avec un de mes officiers, commençait la marche; ensuite les autres escadrons du régiment polonais suivaient; puis la quatrième division de cavalerie légère; enfin mon artillerie, suivie des deuxième et quatrième divisions de cuirassiers. Immédiatement après nous venait le 1er corps, suivi de l'Empereur avec sa

Garde, qui resta dans la ville et s'établit au Kremlin.

A peine notre avant-garde fut-elle parvenue sous la première voûte du Kremlin, qu'elle fut assaillie par une grêle de balles qui partaient de toutes les croisées de l'arsenal : le roi de Naples, qui s'était porté en avant, faillit en être tué.

Dès que j'entendis la fusillade je mis au galop mon artillerie, et j'entourai l'arsenal. Je fis alors avancer un trompette avec un officier pour parlementer avec ces tirailleurs, que je prenais pour des habitants de la ville réduits au désespoir (1) : mon trompette sonne en parlementaire, et pour toute réponse nous recevons une décharge de mousqueterie. Un de mes capitaines, celui qui accompagnait le trompette, un de mes adjudants et le trompette lui-même furent dangereusement blessés.

Aussitôt je donnai l'ordre de mettre le feu

---

(1) Si le colonel Seruzier eût été instruit alors à quelle espèce d'ennemis il avait affaire, il n'aurait pas sans doute parlementé avec eux.

(*Note de l'Éditeur.*)

aux pièces (j'en avais fait placer deux sous chacune des voûtes qui servaient d'entrée à l'arsenal), et je fis pleuvoir la mitraille d'une manière impitoyable sur cette troupe, qui vint se mettre à genoux devant mes canons, en demandant grâce. Je vis alors à qui j'avais affaire : ce n'étaient pas des habitants de Moskow, ni des soldats qui cherchaient à défendre l'arsenal et le Kremlin au mépris de la convention faite de céder la ville ; c'était le rebut de la société ; enfin des criminels tirés de leurs prisons : on leur avait promis leur grâce et la liberté (1) à la condition qu'ils se révolteraient contre les *chiens* de Français. Le comte Rostopchin, gouverneur de la capitale, fut accusé d'avoir employé ces misérables à l'exécution d'un projet funeste aux Russes mêmes, mais qui fut plus fatal encore pour notre armée : c'était celui d'incendier Moskow.

(1) La liberté, c'est-à-dire la liberté des Russes, cela ne veut pas dire autre chose que la cessation de la prison ; car la liberté, comme nous l'entendons, est un bien dont aucun des habitants de ces vastes contrées n'a encore joui.

(*Note de l'Éditeur.*)

Je m'emparai d'une partie de cette canaille (c'étaient des galériens, il y en avait plusieurs mille), et je les remis entre les mains de notre infanterie.

Je devais continuer ma route sans m'arrêter dans la ville; mais, après ce qui venait de m'arriver, je jugeai qu'il fallait marcher avec une extrême circonspection et toujours être prêt à se défendre à chaque instant; en conséquence je ne m'avançai plus qu'avec mes pièces à la prolonge, et marchant par section, afin d'être toujours en mesure. Nous continuâmes cette manœuvre jusqu'à ce que nous fussions hors de Moskow, et nous nous rendîmes au poste qui nous était indiqué à deux lieues plus loin sur la route de Kasan. C'était la première fois que je traversais une ville avec mes pièces à la prolonge.

Arrivés à notre destination, où la cavalerie, sous les ordres du général Sébastiani, s'était rendue aussi, le général commandant l'arrière-garde de l'armée russe demanda une entrevue au général français. Il paraît que le général russe ne cherchait qu'à gagner du temps : le résultat de cette conférence, qui eut lieu le soir, donna un peu de répit aux vaincus ; ils obtinrent une suspension d'armes jusqu'au lendemain à huit heures du matin.

Peu de temps après l'entrevue, vers les neuf heures du soir, nous aperçûmes de notre bivouac un signal, comme une bombe d'artifice, qui partait d'un château situé entre Moskow et nous, à la droite de cette ville à notre position ; aussitôt nous entendîmes une forte détonation dans Moskow, et nous aperçûmes cette ville en flammes.

Voici les détails que nous avons recueillis sur l'incendie de Moskow. Le nombre des criminels auxquels on avait ouvert les prisons était très considérable ; indépendamment de ceux que j'avais pris à l'arsenal, il en restait encore cinq ou six mille qui, munis de mèches, de fusées incendiaires et d'étoupes goudronnées, se répandirent dans la ville et y mirent à la fois le feu en plus de cent endroits différents. Nos sapeurs crurent d'abord que cet incendie provenait de la négligence de nos soldats ; ils essayèrent de l'éteindre ; mais, voyant à chaque instant la flamme paraître dans des endroits nouveaux, ils n'eurent plus de doute que ce fût le résultat d'un projet prémédité. Des incendiaires portaient des matières combustibles dans les maisons situées sous le vent, d'autres jetaient des fusées incendiaires du haut des clochers ; enfin cet affreux incendie dura six jours, et toutes les horreurs d'une ville prise d'assaut se renouvelèrent. Les Français eurent le chagrin de ne pouvoir y porter remède : mais ils arrêtèrent une partie de ces brigands ; plus de trois mille furent pris en flagrant délit : des commissions militaires en firent justice ; cinq cents furent condamnés à mort et exécutés ; les autres furent envoyés au dépôt des prisonniers ; ils avouèrent tous qu'ils avaient obéi aux ordres du grand-maître de la police (Iwachkin), et à ceux du gouverneur militaire (le comte de Rostopchin). Le signal que nous avions aperçu avant l'incendie s'était élevé d'une maison de plaisance qui appartenait, disait-on, à ce comte Rostopchin : il incendia lui-même son château. Il paraît qu'il était l'inventeur de ce projet ; ce qui porte à le croire, c'est qu'avant de rendre Moskow il avait fait partir ou détruire les quatre-vingt-seize pompes à feu qui y étaient et que, dès le 12, il avait fait secrètement enlever les archives de l'empire, celles de la noblesse et les trésors du Kremlin; il avait aussi fait prévenir les prêtres et les nobles qu'ils eussent à mettre en sûreté leurs effets les plus précieux. Tout cela nous semble des preuves assez fortes de ce que nous avançons; mais, quel que fût l'inventeur de ce projet infernal, ce fut à lui que la Russie dut son salut.

L'Empereur, qui était au Kremlin avec sa Garde, le quitta le 16 parce que la chaleur de l'incendie avait rendu ce quartier inhabitable; il alla s'établir au château de Petrowskoe, où il resta jusqu'à son départ. Quand le feu fut totalement éteint, on trouva encore beaucoup de vivres et de munitions, qui furent très utiles à nos troupes.

L'armée française était campée dans les environs de Moskow; de cette ville elle s'étendait sur la route de Twer, de Wladimir, de Kasan et de Kaluga. Le corps dont je faisais partie resta trois jours dans la position qu'il avait prise le jour de notre entrée à Moskow ; le quatrième, le général Sébastiani nous fit porter en avant sur la route de Kasan ; ensuite, ayant fait un *à-droite*, nous changeâmes de route et prîmes celle de Kaluga. Nous eûmes trois forts combats en deçà de cette ville ; le dernier eut lieu le 3 octobre (1).

Je reprends ma narration du moment où je quittai, momentanément, mon corps d'armée. Le roi de Naples nous avait rejoints ; il avait établi son quartier général au *Clocher à cinq flèches*, et la cavalerie avait pris position en se plaçant *à cheval* sur la grande route de Moskow à Kaluga ; mais nous éprouvions une disette extrême de fourrages ; les chevaux n'avaient d'autre nourriture que la paille des toits, les cavaliers commençaient aussi à manquer de

---

(1) Il y eut plusieurs jours de distance entre ces trois combats, puisque le dernier n'eut lieu que le 3 octobre ; le colonel Seruzier n'en parle ici que comme d'un fait d'armes arrivé à son corps, mais auquel il ne prit aucune part ; à l'époque de ce combat il était en route du côté de Pultawa, pour chercher des vivres et des fourrages nécessaires à l'approvisionnement du corps d'armée dont il faisait partie.

(*Note de l'Éditeur.*)

vivres ; autour de nous la campagne était abandonnée, et les suites funestes de l'incendie de Moskow se faisaient déjà sentir cruellement.

Tel était l'état des choses lorsque je reçus l'ordre de prendre le commandement d'un fort détachement que l'on tira de tous les régiments de notre cavalerie légère ; je devais réunir à ces forces la moitié de mes escadrons de canonniers à cheval. L'opération dont j'étais chargé était l'approvisionnement de notre corps d'armée.

Je me mis donc en route pour aller fourrager, promettant à mon départ de ne rentrer que lorsque j'aurais trouvé les provisions qui nous manquaient.

Je poussai mon *fourragement* à plus de quarante lieues à gauche de notre position : je fus contraint d'aller si loin, car dans les environs de l'armée je ne rencontrai que des villages abandonnés. Je m'enfonçai dans l'Ukraine, et ce ne fut qu'aux environs de Pultava que je trouvai les campagnes habitées : ce pays est très fertile ; j'y remontai parfaitement la totalité de ma cavalerie, et je fis rassembler une quantité considérable de chariots que je chargeai de grains, de farines et de fourrages.

Lorsque mon convoi fut prêt je repris le chemin de Kaluga, et fis toutes les dispositions nécessaires pour le défendre en cas de fâcheuse rencontre : heureusement que toutes mes précautions furent inutiles; je ne fus pas inquiété un seul instant dans ce voyage, et mon approvisionnement, qui était très considérable, arriva sans accident, et fut d'un très grand secours à notre corps d'armée.

Lorsque je fus de retour je me présentai chez le roi de Naples pour lui rendre compte de mon expédition et des observations que j'avais eu l'occasion de faire pendant cette longue absence : il me reçut de la manière la plus distinguée. Il attendait probablement ma visite, car il avait près de lui, sur une table, un papier qu'il me remit aussitôt après que je lui eus fait mon rapport : ce papier, daté de Moskow, et signé Napoléon, était ma lettre de nomination au grade de commandant de la Légion d'honneur. La date de ce brevet était du 9 octobre; or, je n'avais pas vu l'Empereur depuis le jour de la bataille de la Moskowa, où il m'avait doté de quatre mille francs de rente en France; cela me prouva que Sa Majesté avait songé à moi pendant mon absence, car ma récompense était prête d'avance pour mon retour. Je me croyais heureux autant qu'un brave militaire peut l'être; cette dernière campagne, faite sous les yeux de Napoléon qui m'avait toujours distingué, et qui après chaque affaire me comblait de gloire et de bienfaits, semblait m'assurer le sort le plus fortuné pour toujours; mais le dernier degré de félicité touche au premier degré de misère : mon expédition d'Ukraine me coûta cher.

Une suspension d'armes avait été convenue entre quelques corps d'armée pendant les négociations entamées par l'intermédiaire du général Kutusow : on devait se prévenir avant de reprendre les hostilités; le prince vice-roi d'Italie avait, dès le 5 octobre, recommencé ses opérations militaires, qui eurent du succès; mais la suspension d'armes durait encore aux avant-postes du roi de Naples, lorsque l'ennemi, sans dénoncer la reprise des hostilités, résolut d'attaquer l'avant-garde française qui se gardait négligemment, comptant sur la suspension d'armes. Le 17 octobre vers le soir, plusieurs corps russes, commandés par le général Beningsen, vinrent prendre position sur la rive droite de la Nara; ils passèrent cette rivière à minuit et s'avancèrent sur trois colonnes par la grande route de Moskow.

Le corps d'armée du roi de Naples demeura jusqu'au 17 octobre dans la position que j'ai décrite; mais le 18, l'ennemi vint à l'improviste m'attaquer, le signal qu'il prit pour tomber sur nous fut un obus qu'il lança sur mon bivouac. Je fais sonner à cheval, les officiers veulent se rendre à leurs postes, mais chacun se trouve entouré de toutes parts par une nuée de cosaques; on y voyait à peine, et je n'avais pas alors quinze hommes autour de moi. Mes canonniers à cheval et à pied, ne pouvant recevoir mes ordres, se mirent à se défendre avec leur courage ordinaire; mais cette fois, ne pouvant avoir l'ensemble que donne le commandement du chef, ce ne fut pendant longtemps qu'une mêlée, où la supériorité du nombre devait finir par nous accabler.

Pendant le combat j'entendis de tous côtés prononcer mon nom aux Russes; j'ai su depuis que le comte Orlow (1) commandait la partie de l'attaque dirigée contre ma troupe. Le comte, furieux du succès de l'expédition que j'avais faite sur ses domaines jusqu'aux environs de Pultawa, voulait absolument se venger de moi, et avait juré de m'avoir; il donna, en conséquence, l'ordre à ses cosaques de me prendre vivant ; aussi, dans cette attaque, tous leurs efforts se dirigeaient-ils vers l'endroit où ils croyaient me rencontrer.

Dans le premier moment du désespoir que j'éprouvais de m'être laissé surprendre, je cherchai à me faire tuer ; n'ayant pu y réussir et voyant mes soldats se rallier peu à peu, j'eus l'espoir d'échapper, si je parvenais à n'être pas reconnu (puisqu'il semblait que c'était à moi particulièrement

(1) Le comte Orlow-Denisow était premier aide de camp de S. M. l'empereur de Russie.

qu'on en voulait). Je réfléchis qu'un chef se devait à sa troupe, et que je pourrais encore être utile à mon pays : je me fais donc donner un collet pour couvrir mes décorations et n'être pas reconnu pendant le combat. Je parviens à joindre un gros de canonniers qui s'étaient réunis et qui me cherchaient : je me mets à leur tête, je sabre l'ennemi ; pendant ce temps, la cavalerie légère accourait à mon secours ; en moins de rien ces misérables cosaques avaient abandonné mon camp, en nous laissant plusieurs blessés ; ils fuyaient à la débandade de toute la vitesse de leurs chevaux. J'empêchai ma troupe de les poursuivre, craignant une embuscade. Je doublai les postes, et, en passant la revue, je vis que nous avions eu heureusement plus de peur que de mal.

Pendant que cela se passait près de moi, voici le résultat de l'affaire de Winkowo : l'avant-garde, sous les ordres du roi de Naples, était derrière la Czerniwzna, petite rivière qui passe à Winkowo ; sa droite, composée du 5ᵉ corps, appuyait contre la Nara en arrière de Winkowo, et la gauche, à l'extrémité de laquelle se trouvait le général Sébastiani, appuyait à un bois qui n'avait pas été occupé. Le général Orlow fut chargé de tourner ce bois à la tête de la première colonne : ce fut ce corps qui tomba à l'improviste sur les derrières de la division Sébastiani ; j'en ai donné le détail plus haut pour ce qui me concerne. La troupe du général Sébastiani parvint à se former sur la route de Woronowo ; aussitôt la cavalerie ennemie, soutenue par de l'infanterie, chercha à la couper ; mais le roi de Naples, étant monté à cheval, arriva à la tête de sa réserve : il chargea deux fois avec sa bravoure ordinaire et força les Russes à lui abandonner le champ de bataille. Six bataillons de grenadiers russes voulurent soutenir leur cavalerie ; mais une seconde charge décida de l'affaire, où nous eûmes à regretter un aide de camp du roi de Naples et un général polonais. Les Russes perdirent deux généraux, et le général Beningsen, qui commandait en chef, fut blessé, et perdit l'avantage qu'il avait eu d'abord sur la gauche du roi de Naples qui le força de repasser la Nara en désordre avec ses troupes. Ce combat fut remarquable par l'acharnement avec lequel les deux partis se battirent.

Je ne m'appesantirai pas sur les détails de la retraite de Russie : ils sont trop affligeants pour que je m'arrête longtemps sur ces pénibles souvenirs. On trouve d'ailleurs partout des récits très circonstanciés dont l'exagération fait souvent tout l'intérêt. Je vais, au contraire, mettre le plus de simplicité possible dans tout ce qui me reste à dire, jusqu'au moment où je fus fait prisonnier.

Le 19 octobre au matin, on commença à évacuer Moskow ; le Kremlin fut miné et l'on résolut de faire sauter cette forteresse avant de quitter la ville. Ce fut le duc de Trévise qui resta le dernier avec la jeune Garde, afin de couvrir la marche des convois de blessés, de malades, d'artillerie et de munitions.

Le 21, le général Wintzingerode voulut entrer à Moskow, croyant ne pas trouver de résistance ; mais il fut fait prisonnier, et le 23, le maréchal duc de Trévise, ayant reçu ses ordres de départ, fit sauter le Kremlin qui est une citadelle de forme triangulaire, entourée de murailles hautes et épaisses, garnies de créneaux et flanquées de tours (1).

L'armée effectuait sa retraite dans le meilleur ordre possible; mais les maladies, suite de la disette, l'avaient beaucoup affaiblie; les plus forts régiments de cavalerie n'avaient pas cent chevaux.

Napoléon, informé que les Russes s'appro-

(1) Derrière cette enceinte sombre, on voit l'ancien palais des Czars, où se trouvait un trésor rempli de couronnes, d'habits, d'anciennes armures, de riches selles et des harnais dans le goût tartare. Le Kremlin renfermait trois cathédrales et plusieurs églises remarquables par leur antiquité, leurs dorures et leurs cloches; la plus belle de ces dernières, nommée *Iwan-Veliki*, pesait plus de trois cent cinquante milliers de France; mais le clocher où elle était ayant été brûlé en 1737, la cloche est tombée, et se trouva enfoncée en terre : elle y était encore au commencement du règne d'Alexandre. On voyait dans une de ces cathédrales les tombeaux des anciens Czars. Le Kremlin avait encore dans sa vaste enceinte le palais des patriarches grecs, dont la bibliothèque se trouvait dans l'église des Douze-Apôtres. L'arsenal, qui était un superbe bâtiment très régulier, contenait une grande quantité d'armes.

(*Note de l'Éditeur.*)

chaient de Maloiaroslawetz, donna l'ordre au prince vice-roi, qui commandait le 4ᵉ corps formé par l'armée d'Italie, de se porter sur ce point; le général Delzons s'en empara, y laissa deux bataillons, fit rétablir le pont sur la Luja, et plaça le reste de sa division en bataille dans la plaine à gauche de cette rivière. Le prince Eugène se trouva avoir en tête l'armée commandée par Kutusow. Le combat fut très sanglant, et j'eus le bonheur, dans cette affaire, de mériter la bienveillance du prince Eugène, et d'en obtenir une preuve éclatante. Je vais donner les détails de cette importante journée.

CHAPITRE XXIII

Retraite de l'armée française. — Affaire de Maloiaroslawetz. — Détail des engagements qui ont eu lieu jusqu'au passage de la Bérésina.

Le général Doctorow, s'avançant par le chemin de Lectaskowa, attaqua brusquement, le 24 au matin, les deux bataillons que le général Delzons avait laissés à Maloiaroslawetz, et les força d'abandonner la ville. Le prince Eugène sentait l'importance de cette position; il ordonna au général Delzons de marcher avec toute sa division pour la reprendre. Le général Kutusow, qui voyait aussi que le résultat de cette journée dépendait de ce point important, envoya de nouvelles troupes pour soutenir le général Doctorow; les Russes firent un moment reculer les

Français : alors le général Delzons court au milieu de la mêlée, rallie sa division, et cherche à repousser l'ennemi. Il commençait à reprendre l'offensive, lorsque des tirailleurs, embusqués derrière un mur, firent feu sur lui ; il tomba mort : aussitôt le général Guilleminot, chef d'état-major du prince Eugène, prit le commandement de cette division et parvint à mettre les Russes en désordre. Cependant des troupes fraîches leur arrivant de tous les côtés, ils nous forcèrent encore à abandonner une seconde fois Maloiaroslawetz. Cette ville fut prise et reprise plusieurs fois dans la journée par nos troupes, mais rien n'était décidé et nous perdions beaucoup de monde. Le prince voulant en finir, ordonna à la division italienne du général Pino de passer le pont pour soutenir les divisions Broussier et Guilleminot : il demanda mon artillerie dont il avait le plus grand besoin, et fit placer la garde royale d'Italie et la cavalerie légère du général Ornano en réserve derrière la rivière, à l'entrée du bois. Aussitôt je fis sonner à cheval ; et, voulant tourner les Russes, je me mis à chercher un gué pour

BATAILLE DE MALO-JAROSLAWETZ,
Gagnée par Napoléon le 24 Octobre 1812.

pouvoir traverser la rivière avec mes pièces. Après quelques recherches, j'en trouvai un assez commode : je le reconnus moi-même avec soin, afin d'être sûr de mon opération ; puis, je revins vers mes canonniers.

J'avais remarqué que le talus opposé de la rivière était fort escarpé, et que cette disposition de terrain pourrait mettre un obstacle insurmontable à mon passage, je me hâtai donc d'envoyer dix-huit hommes sur l'autre rive ; ils étaient armés chacun d'une pelle ou d'une pioche, je leur avais ordonné d'adoucir la pente, afin de faciliter le passage d'une voiture. Il y avait une petite forêt en avant de ce lieu, et c'était ce qui m'avait déterminé à choisir ce gué plutôt qu'un autre.

J'eus bientôt fait passer toute mon artillerie à l'autre bord, et nous nous trouvâmes dans le petit bois dont j'ai parlé. J'en sors sans perdre de temps, et je me mets en bataille, pour me jeter au grand galop sur les derrières de l'ennemi. Me voilà en batterie, envoyant aux Russes des obus et de la mitraille.

Mon mouvement avait été si rapide et si

heureusement exécuté à l'aide du petit bois, que, quand même les Russes n'auraient pas été fortement engagés avec le prince Eugène, ils auraient encore pu ne pas m'apercevoir; aussi ne se doutèrent-ils pas de mon passage, ni de la manœuvre que je venais d'exécuter; elle les surprit au dernier point; et, dès qu'ils commencèrent à recevoir mon feu, ils cessèrent d'opposer une résistance aussi soutenue au 4e corps. Mais ce fut bien pis, lorsque me déployant à mon aise sur leur arrière, ils s'aperçurent de l'effet terrible que je produisais sur leur centre. Pendant ce temps, le colonel Peraldi, de la division italienne, ayant pris le commandement de la brigade du général Levié, qui venait d'être tué, se précipita sur les Russes qui cherchaient à s'emparer du pont pour couper les troupes qui étaient dans la ville, et les culbuta jusqu'au ravin ; mais, chargé de nouveau par des troupes fraîches, il s'appuya sur le petit bois et se trouva à l'abri de la cavalerie russe; dans ce moment je redoublai mon feu, et, en moins de trois quarts d'heure, la victoire fut décidée.

Le bruit de notre artillerie s'était fait entendre, et le maréchal prince d'Eckmühl arrivait à la hâte. Il déboucha par le village de Maloczkina et fit de suite passer la Luja aux divisions Gérard et Compans. Les Russes ne jugèrent pas prudent de les attendre : ils laissèrent le champ de bataille au prince Eugène.

Cette affaire fut une des plus brillantes de la campagne : le prince vice-roi battit, avec environ dix-huit mille hommes, plus de quatre-vingt mille Russes ; l'ennemi perdit huit mille hommes dans ce combat, et les Français environ quatre mille. L'Empereur, ayant vu le lendemain ce champ de bataille, donna les plus grands éloges aux troupes du 4ᵉ corps et dit au prince qui les commandait : « *L'honneur de cette belle journée vous appar-* « *tient tout entier* ».

Lors de la revue de l'Empereur, le prince Eugène fit l'éloge de ma conduite et demanda à Sa Majesté, pour moi, la décoration de *la couronne de fer* qui me fut accordée sur-le-champ, ainsi que les demandes que je fis pour mes braves canonniers.

La fortune, qui commençait à nous abandonner, nous laissait encore de temps à autre quelques belles journées : c'étaient, comme le disait prophétiquement l'empereur Alexandre, les derniers rayons de notre étoile qui mouraient en jetant un brillant éclat (1).

Le 25 octobre, toute l'armée française se trouva réunie devant Maloiaroslawetz. Le prince d'Eckmühl passa la Luja avec son corps d'armée et se mit à la poursuite de l'ennemi. Nous faisions journellement des pertes irréparables, malgré nos beaux faits d'armes ; la fatigue, la faim, le froid nous minaient sensiblement ; dès qu'une voiture était arrêtée, on était obligé de l'abandonner ; à chaque instant on faisait sauter les caissons dont les chevaux tombaient morts ; on enclouait les pièces que l'on ne pouvait plus conduire ; notre matériel diminuait d'une manière effrayante et notre cavalerie était

---

(1) Lorsque nos premiers désastres commencèrent, les Russes refusèrent d'accéder aux propositions de paix qui leur furent faites; plusieurs relations rapportent que l'empereur Alexandre fit alors cette réponse : *Votre campagne est finie; la nôtre va commencer.*

(*Note de l'Éditeur.*)

dans le plus triste état, tandis que les Russes avaient réuni des troupes nombreuses ; et, malgré l'échec de Maloiaroslawetz, ils pouvaient nous combattre avec d'autant plus d'avantage que notre armée s'affaiblissait tous les jours. L'Empereur, voyant qu'il ne pouvait effectuer paisiblement sa retraite par Serpeisk, ni se rendre à Wiazma par Medin et Inchnow, prit la résolution de retourner vers Mojaïsk pour rejoindre la grande route de Moskow à Smolensk ; cette détermination de sa part était affreuse, car tout ce pays était ruiné ; mais il n'y avait plus d'autre moyen de sauver les débris de l'armée : ce mouvement fut donc décidé.

Le 26, l'armée se remit en marche ; le prince d'Eckmühl, qui avait poursuivi l'ennemi pendant quelques lieues, formait l'arrière-garde. Il eut l'ordre de brûler tous les équipages qui se trouveraient en arrière ; enfin, toute l'armée se trouva réunie le 29 sur la route de Smolensk.

Ce fut dans les premiers jours de novembre que nos maux s'accrurent ; le froid commença le 7, et ne fit qu'augmenter chaque jour. Les chevaux ne pouvaient plus marcher, ne se nourrissant que d'écorces d'arbres et de la paille gelée et pourrie qui leur avait servi de litière lorsque nous allions à Moskow ; ils périssaient à chaque instant ; la cavalerie se trouvant démontée, on fut forcé de prendre les chevaux des équipages que l'on brûlait. Chaque jour on faisait sauter les caissons et l'on enclouait les pièces ; nos provisions de tout genre étaient épuisées, le pays était ruiné ; et, si l'on s'écartait du gros de l'armée pour chercher quelques vivres, on était pris ou impitoyablement massacré par une foule de cosaques, qui interceptaient les communications de l'armée avec les dépôts que nous avions laissés à Smolensk ; ils arrêtaient nos convois et enlevaient tous les hommes isolés. On ne peut mieux peindre la triste situation de notre armée qu'en transcrivant ici quelques fragments du xxixe bulletin qui jeta la consternation dans toute la France (1).

(1) « Jusqu'au 6 novembre le temps a été parfait, et le « mouvement de l'armée s'est exécuté avec le plus grand « succès. Le froid a commencé le 7 : dès ce moment, « chaque nuit nous avons perdu plusieurs centaines de

Pendant cette malheureuse retraite, nos pauvres soldats mangeaient les chevaux morts et, quand ils s'endormaient près des feux qu'ils faisaient, souvent ils ne se réveillaient plus ; dès que le froid les saisissait, s'ils n'a-

« chevaux, qui mouraient au bivouac. Arrivés à Smolensk,
« nous avions déjà perdu bien des chevaux et bien de
« l'artillerie.....

« Le froid, qui avait commencé le 7, s'accrut subite-
« ment.....

« Les chemins furent couverts de verglas ; les chevaux
« de cavalerie, d'artillerie, du train, périssaient toutes les
« nuits, non par centaines, mais par milliers..... Plus de
« trente mille chevaux périrent en peu de jours ; notre
« cavalerie se trouva à pied ; notre artillerie et nos trans-
« ports se trouvaient sans attelage ; il fallut abandonner
« et détruire une bonne partie de nos pièces et de nos
« munitions de guerre et de bouche.

« Cette armée, si belle le 6, était bien différente dès le
« 14..... Sans cavalerie, nous ne pouvions pas nous éclai-
« rer à un quart de lieue ; cependant, sans artillerie, nous
« ne pouvions pas risquer une bataille, et attendre de pied
« ferme. Il fallait marcher pour ne pas être contraint à
« une bataille, que le défaut de munitions nous empêchait
« de désirer..... Les hommes..... parurent ébranlés, per-
« dirent leur gaîté, leur bonne humeur, et ne rêvèrent
« que malheurs et catastrophes.....

« L'ennemi, qui voyait sur les chemins les traces de

vaient pas le courage de marcher pour empêcher l'engourdissement total de leurs membres, c'était autant d'hommes perdus : ils n'écoutaient plus ni la voix de leurs chefs, ni aucun autre sentiment ; l'idée seule de leur conservation les occupait : ils laissaient des caissons chargés d'or que l'on avait abandonnés sur la route faute de moyens de transport, et ils n'attendaient pas qu'un de leurs malheureux camarades fût mort pour le dépouiller de ses vêtements afin de s'en couvrir. Tous les récits ne pourront jamais donner qu'une faible idée des souffrances que nous avons éprouvées pendant cette retraite. Mais revenons à nos opérations militaires.

L'armée continuait sa marche sur Smolensk ; le 2 novembre, l'Empereur avait son quartier général à Semlewo de l'autre côté de Wiazma, occupé par le prince de la Mos-

« cette affreuse calamité qui frappait l'armée française,
« chercha à en profiter ; il enveloppait toutes les co-
« lonnes par ses cosaques, qui enlevaient, comme les
« Arabes du désert, les trains et les voitures qui les sui-
« vaient..... »

(*Extrait du XXIXe Bulletin officiel de la Grande Armée.*)

kowa (maréchal Ney). Le 3 nous fûmes attaqués vigoureusement par les Russes, et, après cinq heures de combat et des efforts inouïs de la part du prince de la Moskowa, le prince Eugène demeura maître du champ de bataille, traversa Wiazma, et vint prendre position de l'autre côté. Ce combat de Wiazma coûta quatre mille hommes aux Français et le double aux ennemis.

L'armée se remit en marche en se dirigeant sur Dorogobuj, où elle arriva le 6. Ce fut dans la nuit du 6 au 7 que commencèrent les grands froids. Le prince vice-roi reçut l'ordre de s'avancer sur Witebsk : mais les chevaux n'avaient plus la force de tirer les pièces. Le prince de la Moskowa, qui était resté à deux lieues en arrière de Dorogobuj avec le prince Eugène, fut attaqué par Miloradowitch : il parvint à gagner cette ville, fit sauter le pont, et continua sa retraite en ordre. Arrivé sur les bords du Wop le 9 au matin, on s'aperçut que le pont avait été brisé pendant la nuit par la crue des eaux, et par les énormes glaçons que la rivière charriait ; comme il était impossible de le rétablir, que les cosaques de *l'hetman*

Platow s'avançaient, on chercha un gué : on en trouva un ; mais il fallait le courage français pour surmonter les obstacles. La Garde royale italienne donna l'exemple ; elle passa, ayant à sa tête les aides de camp du prince vice-roi : il fallait écarter avec peine les glaçons amoncelés, et l'on avait de l'eau jusqu'à l'estomac. L'artillerie suivit le mouvement ; quelques pièces passèrent ; mais le terrain fangeux s'étant creusé, il ne fut plus possible d'avancer ; dans un moment le seul gué praticable se trouva encombré de voitures de toute espèce, de caissons, etc. Nous étions dans la situation la plus critique. Le général Broussier était avec sa division sur la rive gauche du Wop pour contenir l'ennemi, tandis que le prince avait fait bivouaquer les divisions Pino et Guilleminot sur la droite. Le lendemain 10 le général Broussier passa ; mais il fut obligé de faire enclouer soixante pièces de canon, qu'il laissa avec une foule de voitures d'équipage ; il ne put ramener que douze pièces d'artillerie, lesquelles, jointes à celles que le prince avait encore, servirent à repousser les cosaques jusqu'à notre arrivée à Smolensk; elle n'eut lieu que le 13. Depuis quatre jours l'Empereur y était.

Pendant notre retraite il s'était passé de grands événements à la gauche de l'armée : le général russe Wittgenstein attaqua le maréchal Gouvion-Saint-Cyr à Polotsk; la bataille eut lieu le 18 octobre, et fut des plus sanglantes ; les Français eurent l'avantage, malgré le nombre considérable des Russes qui les attaquaient. Le 19 on se battit encore avec le plus grand acharnement; des milliers de Russes périrent devant nos batteries ; mais le 20 on songea à faire la retraite. La division bavaroise se couvrit de gloire au défilé de Bononia, que les Russes voulaient forcer; l'artillerie bavaroise fit taire l'artillerie russe, et les troupes françaises et bavaroises poursuivirent l'ennemi, qui perdit au moins huit mille hommes dans ces trois journées. Le maréchal Gouvion-Saint-Cyr fut blessé, et remplacé par le maréchal Oudinot.

Enfin une partie de l'armée française arriva à Smolensk ; mais, d'après les pertes que la saison et le défaut de vivres nous faisaient éprouver journellement, il fut décidé de marcher de suite sur Minsk, où l'Empereur avait beaucoup d'approvisionnements en vivres et en munitions : malheureusement le prince de Schwartzenberg, ayant fait un mouvement rétrograde sur le grand-duché de Varsovie, laissa le passage libre à l'amiral Tchitchagow. Si les ordres de l'Empereur eussent été alors fidèlement exécutés, il était encore possible d'assurer la position de la Bérésina et de couvrir Minsk et Borisow ; mais l'insouciance et le défaut de moyens du gouverneur de cette première place furent cause d'une partie de nos revers ; le faible corps qu'il avait détaché de Minsk pour défendre le passage du Niémen fut battu, et tellement poursuivi, que le chef ne put faire détruire le pont : après cet échec, cette ville devenait impossible à couvrir, à moins d'un dévouement dont le gouverneur n'était pas capable (comme il le prouva par la suite); mais on pouvait encore défendre Borisow, où l'armée eût trouvé des vivres. Le gouverneur de Minsk, sans attendre l'attaque de l'ennemi, évacua la ville, et se retira sur Borisow avec environ trois mille hommes. L'amiral Tchitchagow entra dans Minsk le 17, et il y trouva des munitions de toute espèce en abondance, et surtout des vivres, dont l'armée française manquait entièrement.

Arrivé à Borisow, ce gouverneur y commit la même faute qu'à Minsk ; au lieu de se mettre en défense, de fortifier la tête de pont, d'établir des batteries, etc...., et surtout de faire prévenir le duc de Reggio, il se contenta de placer un faible corps en observation, et d'ordonner quelques patrouilles ; aussi la ville fut prise, et avec elle le reste des ressources de l'armée française. Le duc de Reggio étant instruit à temps de la négligence du gouverneur de Minsk, arrive à la hâte, bat les Russes et reprend Borizow. Malgré tous ces succès, notre armée se trouvait dans une position si cruelle qu'on ne voyait plus de ressources que dans les hasards d'une bataille, afin de pouvoir rétablir la communication du gros de l'armée avec ses ailes ; mais pour cela il nous fallait arriver à la Bérésina avant l'ennemi, sans quoi plus d'espoir de retraite. L'Empereur quitta donc Smolensk le 14 avec sa Garde, et l'armée suivit le mouvement. Nous avions perdu plus de quatre cents pièces de canon : on avait, il est vrai, trouvé quelques ressources dans Smolensk ; mais trois jours de marches suffisaient pour les détruire. Le prince vice-roi fut obligé de soutenir un combat très sanglant le 15, en avant de Krasnoï, pour y rejoindre l'Empereur, qui y était arrivé la veille. Je fis, par ordre du général Sébastiani, placer mon artillerie à l'extrémité de chaque rue dans la crainte d'une surprise de la part de l'ennemi. Il vint nous observer ; mais, voyant notre position, il n'osa pas nous attaquer. Le brave maréchal prince de la Moskowa se trouva coupé, et séparé de l'armée pendant deux jours ; mais son audace, son intrépidité et son sang-froid le tirèrent de ce mauvais pas : ne pouvant, avec un corps épuisé de fatigues, rompre des masses énormes d'ennemis, et se faire jour à travers, il rétrograde le 18 sur la route de Smolensk, surprend le passage du Dnieper, traverse des nuées de cosaques, et rejoint les postes du prince vice-roi en avant d'Orscha, où étaient déjà réunis la Garde impériale et les 1er et 4e corps.

Cette manœuvre du prince de la Moskowa

est une des plus belles de la campagne, si l'on en considère les résultats.

Jusqu'à Witebsk je vins à bout de contenir les cosaques ; et, malgré les fréquentes escarmouches que nous avions avec eux chaque jour, je me serais fait fort de me tirer d'affaire avec mon artillerie à cheval ; mais au combat de Witebsk la fatigue des chevaux, qui traînaient la grosse artillerie de l'armée, retarda sa marche, et le désordre occasionné par l'attaque subite des cosaques leur donna la facilité de s'emparer de toute cette grosse artillerie. Je me trouvai heureusement assez près pour rendre un service essentiel ; car, ayant formé mes artilleurs à cheval en escadrons, et soutenu par mes pièces, à chacune desquelles je n'avais laissé que trois hommes pour avoir des escadrons plus considérables, je me jetai sur les cosaques et je fis sur cette misérable cavalerie une charge si leste et si bien combinée que, malgré la très grande supériorité de son nombre, je la mis dans une déroute complète. Je repris nos pièces de position ; nous les ramenâmes aussitôt au corps d'armée et je les remis à leur commandant.

A Orscha, la nécessité de réorganiser l'artillerie se fit sentir et les généraux Lauriston et le colonel Nègre furent chargés de cette opération. Depuis ce moment je me trouvai, avec ce qui me restait de pièces, à la tête d'un corps de pontonniers, et je fus chargé d'assurer les passages pour le retour de l'armée, de même que j'avais eu soin de le faire pendant notre marche victorieuse sur Moskow ; mais quelle différence !

L'armée française continuait son mouvement rétrograde et faisait chaque jour de nouvelles pertes. Je n'ai rien à dire de particulier sur cette retraite jusqu'au passage de la Bérésina, car il ne m'arriva rien de particulier depuis Orscha.

CHAPITRE XXIV

Passage de la Bérésina.

Lorsque nous arrivâmes au bord de la rivière de la Bérésina, nous trouvâmes l'armée russe, qui s'était préparée à nous en disputer le passage : elle avait eu le temps de faire toutes ses dispositions, et son avantage était fort grand sur nous, car il ne pouvait manquer d'y avoir beaucoup de désordre dans notre armée après les malheurs qu'elle avait éprouvés.

Il y eut donc sur les bords de la Bérésina un combat fort opiniâtre, qui dura pendant trois jours sans aucune combinaison savante ni d'un côté ni de l'autre ; en effet, il s'agissait simplement pour eux d'empêcher le passage sur divers points, et pour nous de le forcer à ces mêmes endroits.

Pendant ces trois jours, nos pontonniers étaient enfin parvenus à établir deux ponts sur le fleuve à Weselowo. On avait hésité longtemps pour savoir dans quel endroit on effectuerait le passage : comme j'ignore quelles étaient les intentions et les motifs de l'Empereur, je ne puis dire ici que ce que j'ai fait ; je reçus donc l'ordre de faire établir ces deux ponts et j'obéis malgré les difficultés sans nombre qu'il me fallut surmonter : l'un était destiné au passage de l'infanterie, et l'autre de la cavalerie et de l'artillerie. Malheureusement ces deux ponts, jetés avec tant de peine, avaient été fortement endommagés par le feu des pièces russes, qui n'avaient cessé de les canonner ; nous redoublâmes donc nos efforts et vînmes à bout de les rétablir de nouveau malgré l'ennemi.

Il s'en fallait peu que notre retraite ne devînt impossible ; je vis l'instant où les deux ponts allaient être coupés par les Russes, qui revenaient toujours à la charge avec une nouvelle ardeur.

Je détachai deux batteries d'artillerie à cheval, sous le commandement du chef d'escadron Pons, et je secondai le mouvement en marchant à la tête de plusieurs escadrons de toutes armes que j'avais réunis comme je l'ai dit plus haut.

Dès que les deux batteries du chef d'escadron Pons eurent commencé à ébranler les Russes par les obus et la mitraille, je chargeai vivement avec notre cavalerie et je rejetai l'ennemi assez loin. Il battit en retraite aussitôt et m'abandonna quelques vivres qu'il avait enlevés les jours précédents à nos vivandières et cantinières.

Après cette attaque, nous fûmes en repos pendant la nuit du 26 au 27 novembre. Le duc de Reggio passa le premier avec le 2e corps ; l'Empereur et sa Garde passèrent ensuite ; puis les 3e et 5e corps. Pendant le passage, ces ponts construits à la hâte se rompirent plusieurs fois ; mais, grâce à l'activité de nos intrépides pontonniers, on parvint à les rétablir ; je passai la Bérésina sans inquiétude avec mon artillerie et ma cavalerie.

Pendant la matinée du 27, le maréchal duc

de Bellune arriva dans l'après-midi sur les hauteurs de Weselowo, et y prit position pour soutenir la retraite ; mais nous apprîmes par un bataillon de l'extrême arrière-garde de la division Partouneaux, qui arriva fort tard, que ce général, s'étant trompé de route, avait été fait prisonnier avec trois mille hommes d'infanterie et deux régiments de cavalerie. Cette nouvelle ayant donné l'éveil à tout l'attirail qui suit une armée en retraite, il se forma un encombrement considérable aux environs des ponts : les uns voulaient passer, et forçaient toutes les consignes ; les autres voulaient rester en disant qu'ils seraient pris de l'autre côté : cette hésitation avait tellement détruit l'ordre que personne ne voulait obéir.

L'Empereur avait bien senti qu'il fallait empêcher l'ennemi de nous suivre et que, par conséquent, il était nécessaire de passer très vite et de brûler les ponts aussitôt après le passage. Comme la foule des voitures ne pouvait que retarder et compromettre le sort de l'armée, l'Empereur avait donné l'ordre formel d'incendier toutes celles qui ne seraient pas utiles ; pour ôter tout prétexte de désobéissance, et faire voir l'importance de cette mesure, il avait commencé par faire mettre le feu aux siennes.

Avant l'arrivée du bataillon de la division Partouneaux, le passage s'effectuait avec assez de régularité. J'avais reçu du général Eblé l'ordre de faire rompre et sauter les ponts dès que le corps du duc de Bellune et les voitures conservées seraient de l'autre côté; j'étais chargé de presser le trajet de ces dernières; je mis donc toute la célérité et toute la fermeté possible dans cette commission; mais quand on sut que les Russes approchaient, il me fut impossible de faire entendre raison aux conducteurs de voitures de bagages, de cantinières et de vivandières; j'eus beau dire qu'avec de l'ordre tout le monde se sauverait; que leur salut dépendait de la promptitude de leur passage, et que celui de nos troupes exigeait que l'on rompît les ponts; ils passèrent en petit nombre avec leurs voitures légères; mais la plus grande partie s'obstina à rester sur la rive gauche avec le duc de Bellune.

Ma situation était pénible; l'ennemi reparaissait, et le danger devenait plus grand de minute en minute. Le maréchal duc de Bellune, qui avait tenu longtemps sur la rive gauche contre une armée triple en face du corps qu'il commandait, se vit contraint d'ordonner la retraite. Ce fut alors que les conducteurs des voitures qui étaient restés sur cette rive virent le danger; mais il n'était plus temps : le corps du duc de Bellune passa en désordre; les voitures d'équipages, d'artillerie, de blessés, etc..., s'encombrèrent à l'entrée du pont; on se frayait un passage à coups de baïonnette; plusieurs hommes se jetèrent à la nage et périrent. L'ennemi, qui nous saluait à coups de canon, et qui nous envoyait force obus, acheva de mettre le désordre; enfin une partie des troupes passa, mais je voyais plusieurs centaines de voitures chargées qui restaient de l'autre côté. L'encombrement détruisait tout espoir de passage; une foule d'hommes et de femmes allaient être sacrifiés lorsque j'aurais détruit les moyens de nous rejoindre : c'était bien leur faute; malgré cela j'attendis pour remplir cette mission pénible aussi longtemps qu'il me fut possible, et ce ne fut qu'à la dernière extrémité, c'est-à-dire lorsque l'artillerie russe me harcela de toutes parts, que je me déterminai, avec un vif regret, à exécuter l'ordre du général, qui était celui de l'Empereur.

A l'instant je fis brûler les ponts, et je fus témoin du spectacle le plus affligeant qu'on puisse voir. Les cosaques se précipitèrent sur ces malheureux abandonnés ; ils pillèrent tout ce qui était resté du côté opposé du fleuve, où il y avait une grande quantité de voitures chargées d'immenses richesses ; ceux qui ne furent pas massacrés dans cette première charge furent faits prisonniers, et leur fortune devint la proie des cosaques (1).

Après le passage de la Bérésina, le maréchal Ney, prince de la Moskowa, reçut le commandement de l'arrière-garde de l'armée. Je reçus

---

(1) On ne peut évaluer ici la perte de l'armée française ; elle fut incalculable : douze ou quinze mille hommes furent faits prisonniers pour n'avoir pas suivi les ordres qu'ils avaient reçus ; six mille au moins furent tués dans cet encombrement, tant par ceux qui voulurent forcer le passage, que par les Russes qui arrivèrent en masse, et reprirent toutes les richesses que nous ramenions de Moskow.

(*Note de l'Éditeur.*)

également le commandement de l'artillerie sous ses ordres. Nous continuâmes de nous retirer en ordre, en couvrant l'armée dont nous protégeâmes la retraite jusqu'à Wilna sans être entamés; mais, en approchant de cette ville, comme nous étions plus fortement pressés que jamais par les Russes, je me disposai à leur tenir tête avec toutes mes pièces.

Je combinai ma défense de manière à mettre l'ennemi en désordre, en le forçant à deux combats à la fois ; je partageai mes pièces, et leur fis suivre les deux routes qui tournaient la ville ; ensuite je fis attaquer les Russes sur deux points à la fois, en avant et en arrière de Wilna, calculant mon mouvement de telle sorte que mes deux divisions, après s'être séparées pour attirer sur deux points les forces des Russes, devaient se rejoindre dès qu'elles auraient dépassé la ville. Si mon projet réussissait je me trouvais en état d'opposer mes deux divisions réunies, aux efforts des troupes ennemies, que ma première manœuvre devait déterminer à se séparer.

Mes canonniers se conduisirent avec leur valeur accoutumée, et déjà les Russes fuyaient en désordre ; je les pressais vivement, lorsque... je frémis en pensant à ce funeste événement ! n'importe, il faut le dire ; je dois toute la vérité ; les malheurs ne sont pas des fautes.

Arrivé au point de jonction que j'avais déterminé, je commençais à prendre un avantage marqué sur les ennemis, lorsque je vis un grand encombrement de voitures à nous, parmi lesquelles se trouvaient celles qui portaient le trésor de l'armée : je fis des efforts incroyables pour me frayer un passage avec mes canons, jamais je ne pus y parvenir ; de toutes parts j'étais pressé par la cavalerie russe. Pendant le temps que je perdais à vouloir forcer le passage, les cosaques, s'étant jetés parmi nos équipages, tuèrent une partie des chevaux, de sorte que le désordre s'accrut au point que non seulement mon artillerie ne pouvait plus tirer, puisque j'avais devant moi plus de trois cents de nos voitures encombrées, mais encore je reconnus que j'allais être enlevé, et que j'allais perdre mes pièces.

Dans ce moment désespéré j'ordonnai à mes canonniers de briser la glace de la Wilna,

CHAPITRE XXIV.

et je fis jeter tous mes canons, caissons et munitions dans la rivière. Ceux qui me connaissent, par la lecture de ces Mémoires, peuvent se figurer ce que je dus souffrir en ce moment cruel ! Je m'abstiens de faire de plus longues réflexions sur cette affligeante position (1).

(1) Si cet événement malheureux ne fût pas arrivé ce jour-là, il serait indubitablement arrivé peu de temps après ; car les débris de cette belle armée, dont le courage héroïque se soutenait encore par l'espoir de trouver des vivres et une température plus douce à Wilna, furent tellement démoralisés par la réception qu'on leur fit, que ce reste de courage les abandonna. Les juifs surtout se distinguèrent par leur cruauté ; nos malheureux soldats, sans force, mourant de faim, accablés de fatigues, ayant la plupart des membres gelés, furent impitoyablement mis à la porte sans secours, et moururent par milliers dans les vingt-quatre heures ; les juifs les dépouillaient même avant qu'ils fussent refroidis ! Nous perdîmes là beaucoup plus de monde qu'au passage de la Bérésina. Plusieurs officiers généraux, ne pouvant aller plus loin, furent faits prisonniers ; aussi, en sortant de Wilna, les débris de notre armée n'étaient plus que des masses isolées de fuyards, sans armes, sans vêtements, et dans l'état le plus déplorable.

(*Note de l'Éditeur.*)

Après avoir sacrifié mon artillerie pour ne pas la laisser prendre par l'ennemi, je fis connaître ma situation au maréchal Ney. Le maréchal me loua du parti courageux que je venais de prendre. Il est certain que si les Russes eussent enlevé notre artillerie, ils nous auraient infailliblement écrasés avec elle en cet endroit.

Ceux qui ont connu le maréchal Ney savent qu'il était peut-être l'homme de l'armée française le moins capable de perdre la tête ; personne n'eut jamais plus de sang-froid dans les moments critiques : il venait de faire des pertes énormes ; tous ses corps de cavalerie et d'infanterie étaient dans l'état le plus déplorable ; ce fut alors qu'il prit la résolution de se retirer sur Kowno.

En partant pour cette ville, dans laquelle il allait m'attendre, le maréchal me confia le commandement des débris de son corps d'armée, avec ordre d'organiser en bataillons, compagnies et escadrons tout ce qui restait d'infanterie et de cavalerie de toute arme ; après quoi je devais le rejoindre et prendre ses ordres de nouveau pour continuer notre retraite.

Je formai donc le mieux qu'il me fut possible l'organisation nouvelle dont j'étais chargé et, me dirigeant sur Kowno, je commençai par quitter la grande route.

Deux raisons me déterminaient à prendre cette mesure : la première, c'est que, par ce chemin, je n'avais plus à craindre d'être suivi par l'artillerie légère russe, contre laquelle je n'avais plus de défense ; la seconde, c'est que, n'étant plus gêné moi-même dans aucun passage, puisque je n'avais plus de canons, je pouvais m'écarter à gauche de la grande route et me procurer plus aisément quelques vivres dans les villages que je rencontrais en grand nombre.

Mes précautions semblaient devoir me faire espérer un trajet favorable jusqu'au point où je désirais arriver, c'est-à-dire jusqu'à Kowno ; mais la fortune avait cessé de me sourire : je n'avais plus que mon courage ; mon bonheur était épuisé.

CHAPITRE XXV

**Affaires sur la route de Kowno.
Je suis fait prisonnier.**

J'avais toujours marché, en m'éloignant de la grande route jusqu'au 13 au matin, sans avoir eu aucun engagement sérieux avec les cosaques. Je me trouvais alors à trois lieues de Kowno ; il fallait prendre le grand chemin pour y parvenir ; je m'y décidai, et me remis en marche avec assez d'ordre ; ma troupe rejoignit la route qui conduit de Wilna à Kowno.

Vers onze heures du matin je vis sur ma gauche un très fort parti de cosaques ; je présumai qu'ils étaient soutenus par d'autres troupes de la même espèce, puisqu'ils semblaient disposés à nous combattre.

Aussitôt je donnai les ordres nécessaires ; je rangeai mon infanterie en bataille sur le chemin et, sans balancer, je fondis sur les cosaques à la tête de mes escadrons de cavalerie. Notre charge fut très belle et son succès complet; je culbutai ces misérables pillards et, ce qui me fit le plus grand plaisir, ce fut la prise de trois cents bons chevaux que je ramenai et dont je me hâtai de faire la distribution à ceux de mes cavaliers qui étaient démontés ou dont les chevaux étaient blessés ou déferrés. Après ce combat, nous continuâmes notre marche, et déjà nous apercevions le Niémen ; mais lorsque nous fûmes arrivés à la tête du pont qu'il fallait passer nécessairement, nous y trouvâmes plus de quinze mille cosaques qui nous attaquèrent. Je vis clairement qu'il me serait impossible cette fois de résister à une troupe aussi nombreuse ; mais, voulant faire au moins bonne contenance, afin d'obtenir, s'il était possible, une honnête capitulation, je plaçai mon infanterie dans un petit bois et me disposai à charger avec ma cavalerie. J'espérais que les cosaques, voyant notre résolution, s'estimeraient heureux de nous obliger à nous rendre, et nous laisseraient nous retirer au quartier général de l'armée russe avec nos équipages sans nous dépouiller.

Comme je donnais l'ordre de sonner la charge, je vis arriver un cavalier russe en parlementaire : il me fit la proposition de mettre bas les armes et de me rendre prisonnier avec mon infanterie et mes escadrons. Je répondis que je voyais ma position avec calme, sans m'en dissimuler le danger ; je déclarai que je me croyais effectivement obligé de me rendre pour conserver le reste des soldats qui m'avaient été confiés ; mais que je mourrais les armes à la main, à moins que l'on ne consentît à nous respecter, à laisser à mes officiers et à toute ma troupe leurs effets et leurs équipages.

Le parlementaire, après avoir écouté ma réponse, s'en retourne vers son chef ; et moi, voulant voir les dispositions de mon infanterie et la rassurer en lui parlant de la timidité que l'ennemi mettait dans ses prétentions, je me rends au petit bois : je crois y trouver mes fantassins, mais il n'y avait plus personne ; pendant que je songeais à leur ménager une capitulation honorable, ces indignes soldats, effrayés des nuées de cosaques qu'ils apercevaient de toutes parts dans la plaine, s'étaient débandés et avaient tâché de gagner le pont pour se sauver. On ne peut se faire une idée de ma colère ; j'étais furieux ! Je quitte le bois ; je reviens au grand galop vers ma cavalerie ; mais....... je ne trouve plus personne !..... N'étant plus retenus par ma présence, mes cavaliers en avaient fait autant que l'infanterie, de sorte que je me trouvai sans troupe. Un seul homme m'était resté, il mérite que je dise son nom : c'était un Alsacien, nommé Klein (1).

Dès que les cosaques reconnurent la défection de mes soldats, ils les chargèrent de tous côtés ; tous les fuyards furent repris et subirent ignominieusement la peine de leur manque de courage : tous furent dépouillés et traités avec la dureté ordinaire aux cosaques. Quant à moi, demeuré seul à cheval

---

(1) Klein ne m'a pas même quitté pendant ma captivité. Il est rentré avec moi en France ; je l'ai amené dans mon pays natal, et l'ai gardé trois mois dans mes foyers.

dans le bois, on pense bien que je ne tardai pas à être attaqué. Une multitude de ces misérables ennemis m'entoura, essayant, pour me prendre, de m'abattre à coups de lance : je parai les premiers le mieux que je pus avec mon sabre. Alors leur chef ordonna de faire feu sur moi ; six cosaques me tirèrent à quinze pas et je reçus quatre coups de carabine. Mon cheval était tombé raide mort, et ma jambe droite était prise dessous : alors ces brigands fondirent sur moi ; ils me donnèrent vingt-sept coups de lances, m'arrachèrent mes vêtements, me prirent mes décorations, mes armes, mon argent et me dépouillèrent totalement. J'ai toujours pensé que j'ai dû mon salut au froid excessif qui régnait en ce moment : en effet, mes blessures avaient mis mon sang dans une agitation extraordinaire, ce qui m'empêcha de me trouver engourdi, malgré ma nudité ; en même temps ce froid terrible, en me saisissant, avait gelé toutes mes blessures ; le sang n'en coulait plus ; c'est ce qui m'a sauvé.

Quoique je fusse blessé de la manière la plus cruelle, le chef de ces cosaques, voyant que je m'étais relevé, et jugeant, d'après ma riche dépouille, que j'étais un officier marquant de l'armée française, eut la barbarie de me faire marcher ainsi nu et à pied pendant trois lieues, par un froid de vingt-sept à vingt-huit degrés, pour rejoindre le quartier général de l'hetman Platow (1).

(1) L'hetman comte Platow avait un pouvoir despotique sur tous les cosaques sous ses ordres.

CHAPITRE XXVI

Détails sur ma captivité jusqu'à mon échange. — Mon entrevue avec le grand-duc Constantin, etc.

Il était environ quatre heures du soir lorsque je fus fait prisonnier. Pendant la route, pour parvenir au quartier général de l'hetman Platow, je voyais arriver successivement mes soldats pris par les cosaques : ils étaient ainsi que moi nus pour la plupart. Je leur fis des reproches amers de ne m'avoir pas attendu (nous aurions obtenu la capitulation que je demandais pour eux), et je ne daignai pas leur dire autre chose, sinon qu'ils méritaient leur sort.

Après des souffrances incroyables, occasionnées par mes blessures et par le froid, j'arrivai près de l'hetman Platow. Son fils, qui avait étudié en France, et qui était son aide de camp, s'approcha de moi, me fit asseoir, et me proposa de me servir d'interprète.

Le général me demanda quel était mon grade..... Je répondis : — « Colonel d'ar« tillerie. — Que vous a-t-on pris ? — « Tout ; argent, bijoux, effets, etc. — Aviez« vous des chevaux de prix ? — J'en avais « six, deux limousins, deux normands et deux « hanovriens ». Alors Platow donna l'ordre d'amener devant lui le commandant qui m'avait dévalisé, et s'assura de la vérité de mes aveux en se faisant tout représenter. Je crus qu'il allait me faire restituer ce que j'avais perdu. Il se tourna vers moi, et me demanda : « Est-ce là tout ? Je répondis : « Oui ». Alors le général cosaque me dit en riant : *dobjé*. Cela signifie : *c'est bon ;* il ne me rendit rien. Il n'avait pris tant d'informations que pour s'assurer d'avoir sans réserve toute ma dépouille : il envoya mes chevaux dans son écurie, pour se monter, lui, et les officiers de sa suite.

Cependant la chaleur extrême que j'éprouvais à ce bivouac (j'étais devant un énorme brasier) fit dégeler mes plaies ; mon sang commença à couler de toutes les parties de mon corps, et en si grande abondance, que mes forces m'abandonnèrent.

Le fils de l'hetman, me voyant défaillir, me retint dans ses bras au moment où j'allais tomber. Ce jeune homme me fit donner un verre de *schnaps* (1) ; après cela, Platow permit qu'on pansât mes blessures. Son fils me fit conduire chez le major commandant son quartier général ; il recommanda que l'on eût soin de moi, et, comme j'étais entièrement nu, il me fit rendre, à ma prière, ma pelisse, que je reconnus en passant sur les épaules d'un cosaque ; il y fit joindre une capote de soldat et une vieille paire de souliers. Dans cet accoutrement je me rendis chez le major, qui, d'après les recommandations du fils de l'hetman, eut beaucoup d'égards pour moi ; j'obtins que mon fidèle Klein ne m'abandonnerait pas.

Je demeurai pendant trois jours chez ce

(1) Eau-de-vie de grain que les Russes, Polonais et Allemands aiment beaucoup.

major. Klein me pansait : peut-être sans les soins de ce brave soldat je n'aurais pas survécu aux cruelles souffrances que j'éprouvais.

Le quatrième jour, au moment où la fièvre me tourmentait le plus fort, j'appris que le général Platow avait donné l'ordre de faire transporter tous les prisonniers français à Wilna. Je regrettai bien alors de n'avoir pas été tué ; car, dans l'état où je me trouvais, il m'était impossible de faire cette route à pied ; je savais que les Russes avaient l'habitude de faire marcher à coups de *knout* les prisonniers qui restaient en arrière, et qu'il arrivait souvent que les cosaques irréguliers tuaient à coups de lance ceux qui ne pouvaient plus continuer leur route ; je pensai donc que je périrais dans ce trajet. Mais au moment de partir je fus bien surpris de l'attention que l'on avait eue pour moi ; un traîneau m'attendait avec deux cosaques, qui avaient ordre de ne pas me quitter. Je présume que je dus cet adoucissement aux sollicitations du jeune fils de l'hetman Platow ; car l'officier qui commandait le détachement qui nous escortait fut aussi honnête avec moi pendant

DÉTAILS SUR MA CAPTIVITÉ. 273

la route, qu'on pouvait l'attendre d'un cosaque ; les deux qui m'accompagnaient s'acquittèrent parfaitement de leur mission : ils prenaient mes vivres en chemin, me les préparaient, et veillaient à ce que je ne fusse gêné ni insulté par personne jusqu'au lieu de notre destination (Wilna), où j'arrivai sans avoir éprouvé le plus petit désagrément.

Il ne faut pas que j'oublie, en cet endroit de mes Mémoires, un trait qui fait le plus grand honneur à celui qui en fut capable en ma faveur. La reconnaissance est une des qualités qui me plaisent le plus dans un militaire. Voici donc ce qui m'arriva.

Dans les endroits où l'on s'arrêtait, tous les prisonniers étaient répartis dans des granges ; j'étais très souffrant, malgré les égards que l'on avait eus pour ma douloureuse position, lorsqu'à environ dix lieues de Wilna, le seigneur d'un château voisin, colonel d'artillerie russe, voulut voir passer les prisonniers français. Ce n'était point pour satisfaire une vaine curiosité, mais parce qu'il avait appris qu'il y avait parmi ces prisonniers un colonel d'artillerie.

Il vint donc, déclara qu'il voulait avoir ce colonel chez lui avec sa suite (elle consistait dans un seul homme, mon brave Klein). On me transporta chez ce seigneur qui me fit donner un verre de rhum, en attendant que l'on eût préparé le dîner ; mais, tandis que je buvais, le colonel fit une exclamation de surprise : il venait de me reconnaître.

Si le lecteur n'a pas oublié ce qui m'arriva à la bataille d'Austerlitz, il doit se rappeler ce brave colonel d'artillerie russe que j'avais fait alors prisonnier, et que je traitai avec toutes sortes d'égards par l'estime que m'avait inspirée sa belle conduite : eh bien! c'était lui. On ne peut se faire une idée du plaisir que nous éprouvâmes tous les deux ; il ne savait comment me peindre sa reconnaissance ; il n'est point d'attentions délicates ni de soins qu'il ne m'ait prodigués. « Je me souviens (me dit-il), de vos
« bons traitements, vous me fîtes même
« fournir des chevaux pour me rendre de
« Brünn à Vienne, etc. Soyez sûr que je ne
« serai pas en reste de procédés envers
« vous lorsque je vous trouve dans un état

« aussi affligeant. » A ces mots, il appela l'officier de cosaques qui commandait l'escorte de nos prisonniers, et tirant de son secrétaire une bourse avec dix pièces d'or, il la lui remit en lui disant : « Je te donne
« cette somme pour te récompenser des
« soins que tu as déjà eus, et de ceux que
« je t'ordonne d'avoir encore pour le colonel
« que tu escortes : s'il manque de quelque
« chose sur la route ou s'il est insulté, je te
« fais fusiller..... »

Ce brave colonel, que je me plais à nommer *frère d'armes* quoique d'une autre nation, ne se borna point à ces recommandations qui me furent très utiles ; il vint encore me visiter une fois à Wilna quelque temps après.

Cette aventure, à laquelle j'étais loin de m'attendre, me fait plaisir à raconter, parce qu'il y avait alors beaucoup de danger pour les prisonniers français dans les villes où ils s'arrêtaient, à cause du mal que notre armée avait fait éprouver aux Russes pendant la campagne et surtout depuis la retraite; tout était brûlé et dévasté sur la route ; les habitants rentraient chez eux la rage dans le cœur, et les escortes qui n'étaient pas assez nombreuses pour maintenir l'ordre, ou assez courageuses pour défendre les prisonniers, les exposaient à être massacrés par le peuple, ou du moins à en être maltraités de la manière la plus indigne; je dus donc, comme on le voit, mon salut ou au moins ma tranquillité, à la manière dont j'en avais agi précédemment envers un ennemi, qui se montra ensuite généreux à son tour.

Les jeunes gens qui liront cette page de mes Mémoires se confirmeront dans l'idée que la loyauté et la reconnaissance sont deux qualités inséparables du vrai courage.

A Wilna, je fus logé chez un maréchal ferrant; mon hôte était un honnête homme, il me traita d'abord fort bien; mais ses attentions redoublèrent après la visite que le colonel d'artillerie vint me faire; j'attribue à ses recommandations les bons procédés que l'on eut pour moi dans cette ville; tout ce qui pouvait être utile au rétablissement de ma santé me fut offert avec empressement.

Cependant, malgré la douceur de ce traitement, je manquais de plusieurs choses essentielles, telles que vêtements, et surtout de linge, dont la privation me semblait plus pénible et plus gênante que toute autre; mais, je ne voyais aucun moyen d'y remédier, heureusement pour moi je me rappelai qu'à Tilsit et ensuite à Erfurt, j'avais reçu du grand-duc Constantin l'accueil le plus obligeant; je résolus de le voir. Je fis demander à être conduit en sa présence; on prévint aussitôt à son état-major qu'un officier français, prisonnier, sollicitait l'honneur de lui être présenté.

Le prince envoya un aide de camp chez moi avec ordre de s'informer du motif de ma demande; pour toute réponse je dis mon nom, et, quelques minutes après, l'aide de camp vint me chercher.

Nous nous rendîmes de suite chez le grand-duc. Lorsque l'on m'introduisit dans le salon, le prince me reconnut : « Ah! je le « tiens donc à la fin (s'écria-t-il); » il vint alors à moi d'un air un peu moqueur; mais, voyant l'affreux dénûment où j'étais, il changea de visage. « Ces coquins de cosa- « ques (dit-il), comme ils l'ont arrangé?..... « Au reste, cela ne m'étonne pas de leur

« part; » il me fit asseoir à côté de lui près de son feu, et me considéra en silence pendant quelques minutes ; puis, tout à coup, se rappelant nos anciennes manœuvres de Tilsit et d'Erfurt, il me cria du ton de commandement : — *Garde à vous! — Otez les avant-trains et mettez les prolonges;* je répondis tranquillement : « Mon prince ! avant de
« parler manœuvre, faites-moi donner à
« déjeuner je vous prie ; mais surtout un
« verre de vin, car il y a longtemps que
« je n'en ai bu ; ensuite, nous parlerons aussi
« longtemps qu'il vous plaira de guerre et
« d'évolutions ».

Le prince Constantin sourit et parut satisfait de ma franchise et de mon calme. Il donna de suite les ordres nécessaires, et quelques minutes après on nous servit un fort beau déjeuner à la française. Je bus une bouteille de vin de Bordeaux d'une excellente qualité ; ma gaîté revint un peu, je fus en état de tenir conversation et de raisonner avec le prince ; nous parlâmes tactique, mouvements, manœuvres, etc..., pendant plusieurs heures.

Dans un moment de gaîté, il me dit :

« Parbleu, je ne sais pas faire le nœud à la
« prolonge comme vous le faites dans l'ar-
« tillerie française; colonel, donnez-moi
« une leçon. — Avec bien du plaisir, mon
« prince (repartis-je aussitôt). » Il envoya
chercher du cordeau, et, au bout de dix
minutes, il faisait ce nœud aussi bien que
moi. Avant de quitter le grand-duc, je lui
parlai de mes blessures; et, sur-le-champ,
me dépouillant de mes vêtements je lui fis
voir mon corps, tout couvert de *bandelettes*
comme celui d'une *momie d'Egypte*. « Vous
« voyez (lui dis-je) que je manque de linge
« et de vêtements convenables; je vous prie,
« mon prince, de me prêter vingt-cinq
« louis; je ne les accepterai cependant (ajou-
« tai-je quand je vis qu'il allait me les faire
« compter), qu'à la condition que vous me
« permettrez de faire passer une lettre au
« maréchal Ney, pour lui apprendre l'obli-
« gation que je contracte avec vous. » Le
prince y ayant consenti avec beaucoup d'empressement, j'écrivis chez lui ma lettre, et
la lui remis pour la faire parvenir au maréchal qui était alors dans l'île de la Nogat;
ensuite j'acceptai les vingt-cinq louis, et

quittai ce prince, qui m'avait témoigné les égards les plus distingués, et rendu, comme on le voit, un service essentiel avec une grande délicatesse.

Le désespoir me fit faire cette démarche auprès du grand-duc; mais, s'il avait refusé de me recevoir, il est à croire que le dénûment total des objets de première nécessité (surtout la privation de linge, et la mauvaise nourriture que l'on donne aux prisonniers) eussent fini par empirer mon état; je crois même que, malgré les soins de mon maréchal ferrant, j'aurais bien pu laisser mes os en Russie comme tant d'autres.

Trois semaines après cette entrevue, je reçus la réponse du maréchal Ney; il m'envoyait cinquante louis au lieu de vingt-cinq que je lui avais demandés. Je me hâtai d'aller remettre au prince Constantin la somme qu'il m'avait si obligeamment prêtée; les vingt-cinq autres louis me servirent à me procurer les choses nécessaires à ma guérison et les soins qu'exigeait mon état.

J'oublie encore une particularité qui fait honneur au grand-duc. En me quittant, il avait fait venir le comte de Saint-Priest (émigré français) qui était lieutenant général au service de Russie, et aide de camp de l'empereur Alexandre ; ses fonctions pendant la guerre contre la France (1) étaient le soin des prisonniers. Je lui fus recommandé par le prince Constantin, avec l'ordre de me faire donner le traitement de maréchal de camp, ce qui fut exécuté. Le comte de Saint-Priest (en attendant que mes habits, linges et vêtements fussent confectionnés) me fit donner un pantalon, une veste *de soldat* et une chemise (2).

Cependant, l'armée française faisant chaque jour des pertes incroyables, continuait

(1) Je croyais alors qu'il avait choisi ces fonctions, pour ne pas servir activement contre la France : mais je me suis trompé ; car, pendant l'impression de ces Mémoires, j'ai lu dans un ouvrage intitulé : *Manuscrit de 1814, par le baron Fain (page* 175), que le général Saint-Priest commandait la division russe qui s'empara de Reims dans la nuit du 13 au 14 mars, et qu'il y fut blessé mortellement, lorsque Napoléon reprit cette ville vingt-quatre heures après.

(2) A Austerlitz, j'avais partagé mon linge avec le colonel russe dont j'ai parlé plus haut ; il n'était pas mon compatriote, mais c'était un homme brave et malheureux.

sa retraite dans le plus grand désordre ; mais comme je n'y étais plus, je ne puis en parler : je ne suis point un historien ; je ne rapporte ici que ce que j'ai vu de mes propres yeux ; et, si j'ai suivi avec un peu plus de détail les opérations de la campagne de Russie, c'est que le commandement que j'y avais me mettant en rapport avec tous les officiers généraux, je savais fort exactement ce qui se passait sur un point, pendant que je manœuvrais sur un autre ; j'ai pensé que mon lecteur suivrait avec plaisir tous les mouvements d'une armée qui doit doublement intéresser, par sa bravoure et par ses malheurs.

L'empereur de Russie, qui suivait l'armée française dans sa retraite, se trouva logé à Stolberg en Saxe, dans la famille de ma femme (1) qui profita de cette circonstance favorable, pour lui demander un passe-port, afin de venir me rejoindre en Russie, et me donner des soins pendant ma captivité.

---

(1) Le colonel Seruzier s'était marié en Saxe avec une demoiselle d'une famille fort distinguée.
(*Note de l'Éditeur.*)

L'empereur Alexandre ne fit aucune difficulté pour accorder cette grâce ; et, peu de temps après, j'eus le bonheur d'embrasser ma femme et d'avoir près de moi une compagne de mes souffrances ; sa vue adoucissait mes chagrins, et ses soins m'ont fait supporter avec résignation la situation douloureuse dans laquelle mes blessures m'avaient réduit. Je fus forcé, pendant plus d'un an, de rester dans ma chambre sans en sortir, tant ma santé était dérangée par mes douleurs physiques et morales.

Enfin, mes forces s'étant à la fin insensiblement rétablies, le vieux général Korsakow (1) prit de l'amitié pour moi. Il avait un fils qui était alors maréchal des logis d'artillerie à cheval ; il me pria de vouloir bien donner quelques leçons d'équitation à ce fils qu'il aimait beaucoup : j'acceptai avec plaisir ; cela m'amusait même, car le jeune Korsakow profitait très bien de mes leçons. Je m'attachai à ce jeune homme, et passai dans sa

---

(1) Je connaissais de nom ce général depuis la campagne de Suisse ; il y avait été battu avec le général Suvarow, et j'avais aidé à le battre.

famille des moments fort agréables. L'exercice du cheval que je prenais avec un grand plaisir, et les promenades que je fis souvent aux environs de Wilna, me rendirent mes forces en peu de temps. Ce fut, je crois, cet exercice salutaire, pour un homme habitué comme moi à l'activité, qui acheva de rétablir ma santé.

Le 27 janvier 1814, ma femme mit au monde ma chère fille *Hectorine*, qui fut ondoyée par un prêtre grec. La naissance de cette enfant me combla de joie, et je résolus, si j'avais le bonheur de rentrer en France, de tout sacrifier pour lui faire donner une bonne éducation, afin que, dans le cas où ma femme viendrait à me perdre, elle pût trouver dans sa fille une compagne et une amie qui la consolerait un jour des chagrins qu'elle avait éprouvés (1).

Les affaires de l'armée française ayant pris

---

(1) Ma fille *Hectorine* a été admise dans la Maison royale de *Saint-Denis* en 1821; et, depuis mon retour en France, j'ai eu une seconde fille, et un fils que je destine au service de l'artillerie; j'espère qu'un jour il marchera sur les traces de son père.

une mauvaise tournure après la bataille de Leipsick, le retour du Roi accéléra notre échange; le mien eut lieu contre le général comte Orlow; je rentrai en France par Lille le 19 août 1814; et, d'après les ordres du maréchal duc de Trévise, je revins dans mes foyers, à Charmes, où je trouvai chez moi tout pillé, brûlé et dévasté. Toute ma famille était morte : ma mère avait cessé de vivre dans le courant d'avril 1812, pendant que j'étais parti pour la campagne de Russie.

CHAPITRE XXVII

Campagne de 1815. — Ma conduite à Toulon.

Dès que je fus arrivé à Charmes, j'écrivis au commandant du département, et au ministre de la guerre (le général Dupont), pour leur faire part de mon retour dans mes foyers; je reçus l'autorisation d'y demeurer avec ma demi-solde, jusqu'à ce que j'eusse reçu de nouveaux ordres. Le ministre m'accorda, à titre de gratification, trois mois de solde entière, pour m'indemniser des pertes que j'avais faites en Russie lorsque je fus fait prisonnier.

Le 14 février 1815, je fus nommé chevalier de l'ordre royal de Saint-Louis, et le ministre de la guerre m'autorisa à me rendre à Paris; j'y allais pour solliciter une direction, mais le gouvernement ayant reçu, dans les premiers jours de mars, la nouvelle du débarquement de Napoléon, je fus nommé commandant en second de l'artillerie de S. A. R. le duc de Berri, sous les ordres du lieutenant général comte Ruty.

Le 19 mars, m'étant rendu à Villejuif où devait être le quartier général du prince, je reçus un détachement de volontaires et de conscrits, destinés à faire partie de l'artillerie sous mes ordres ; je leur fis délivrer des chemises et des pantalons ; mais, dès qu'ils les eurent reçus, ils s'en retournèrent, et le soir à l'appel il ne s'en présenta pas un seul, en sorte que n'ayant ni soldats ni pièces, ne recevant aucun ordre, et apprenant dans la nuit le départ du Roi, je suivis le mouvement de l'armée, et retournai à Paris, où Napoléon arriva le soir.

Tout le monde connaît l'histoire des *Cent jours* et les résultats du retour de l'Empereur. Quelque temps après, je reçus des lettres de service, et je fis comme mes camarades ; voyant des armées étrangères menacer nos frontières, étant Français, je crus devoir défendre ma patrie ; et, lorsque deux cent mille braves, qui depuis nombre d'années s'étaient distingués sur différents champs de bataille, tiraient l'épée pour repousser l'ennemi, j'aurais cru manquer à l'honneur en ne les imitant pas.

Le ministre de la guerre (prince d'Eckmühl) m'ordonna de me rendre en poste à Toulon pour être directeur de l'artillerie de l'armée du Var; je m'y rendis de suite; mais le général qui commandait en chef l'artillerie quitta cette armée après l'assassinat du maréchal Brune, et me remit son commandement avant de partir; tous les généraux l'ayant successivement imité, je me trouvai le plus ancien des colonels; et, par conséquent, je pris le commandement en chef des troupes qui se trouvaient dans Toulon et aux environs, en attendant l'arrivée du lieutenant général Partouneaux, que l'on attendait.

Pendant que je commandais cette ville, les généraux anglais qui la bloquaient me firent faire les propositions les plus brillantes (ils ignoraient sans doute à qui ils avaient affaire). Un parlementaire vint de leur part m'offrir des millions pour m'engager à rendre cette cité, son beau port, ses arsenaux, etc...

On ajoutait que l'empereur Napoléon, pour lequel je commandais, ne gouvernait plus en France; que, s'étant rendu volontairement prisonnier des Anglais, je me trouvais dégagé de mes serments envers lui; et que, si j'acceptais les offres que l'on me faisait, on se chargerait de me conduire, avec ma fortune et ma famille, dans le pays que je désirerais habiter. Je reçus ces offres avec le mépris qu'elles devaient inspirer, et je fis repartir de suite l'insolent parlementaire qui en était porteur. Sans perdre un seul instant, j'écrivis au général anglais qui commandait devant Toulon que s'il me faisait faire encore de semblables propositions qui avilissaient un homme d'honneur, elles seraient regardées comme un commencement d'hostilités; que le parlementaire qui me les remettrait serait prisonnier de guerre, jusqu'à ce que S. M. Louis XVIII eût décidé sur son sort; qu'étant Français, je défendrais mon pays tant qu'une goutte de sang coulerait dans mes veines; et que tous les millions de l'univers ne pourraient jamais m'engager à déshonorer mon nom par une trahison.

J'envoyai un officier d'état-major porter

cette réponse à l'amiral, et je lui donnai l'ordre de dire de ma part à cet officier général, qu'il eût à se retirer de suite en dehors d'un rayon de quinze lieues de Toulon, tant par mer que par terre (car il donnait des ordres aux troupes qui bloquaient la ville), et cela dans l'intervalle de vingt-quatre heures; que, s'il s'y refusait, je ferais tirer à boulets rouges sur ses vaisseaux, et je saluerais les troupes de terre par l'artillerie de tous les forts dépendant de la ville. Voyant qu'il n'y avait rien à faire avec moi, ces messieurs suivirent mon conseil, et se retirèrent.

Les ministres de la guerre et de la marine, auxquels j'avais rendu compte de cette affaire, m'écrivirent des lettres de félicitations sur ma conduite : leur approbation me fit plaisir; mais j'avoue que je ne trouvais rien d'étonnant dans ce que j'avais fait, car je suis persuadé que tout militaire aurait agi, en pareille circonstance, de la même manière que moi.

CHAPITRE XXVIII

Persécutions que j'ai éprouvées. — Dénonciation. — Mon arrestation. — Mes souffrances en prison. — Je suis traduit à la cour prévôtale pour y être jugé comme conspirateur.

C'est ici le chapitre de mes Mémoires qui m'a paru le plus pénible à écrire : si j'ai souffert pendant que j'étais prisonnier en Russie, c'était des ennemis qui me faisaient supporter de mauvais traitements ; je les avais battus dans une foule de combats, et d'ailleurs c'est le sort de la guerre. Mais, être persécuté par ses concitoyens, quand on a reçu soixante-cinq blessures au champ d'honneur ; et, quand depuis l'enfance on s'est voué au service de son pays, être traité comme un brigand par ceux-là mêmes dont on a défendu les propriétés avec tant de persévérance ; et voir au nombre de ses persécuteurs, des gens qui ont quelquefois partagé avec nous d'honorables dangers sur de glorieux champs de bataille ; j'avoue que cela est bien affligeant !

Après que l'on eut licencié l'armée de la Loire, je reçus aussi ma lettre de licenciement, et l'ordre de retourner dans mes foyers ; j'obéis. Je vivais tranquille au sein de ma famille, espérant que le gouvernement me donnerait (pour récompense de mes longs services) une direction d'artillerie où je pourrais encore être utile à mon pays, lorsque je reçus ma retraite dans le courant de mars 1816.

Environ trois mois après, dans la nuit du 28 au 29 juin, le général comte ou vicomte **** (qui commandait alors le département de l'Aisne) vint faire cerner ma maison avec une nombreuse troupe de gendarmes (on m'a assuré qu'il était lui-même déguisé en gendarme). Heureusement pour lui que je n'y étais pas, car je n'aurais pas souffert patiemment qu'on eût violé mon domicile pendant la nuit, contre toutes les lois; espérant faire une récolte de pommes sur mon domaine, j'étais aller acheter des cerceaux dans les campagnes des environs.

En arrivant chez moi à six heures du matin, je trouve mes armoires ouvertes, mon secrétaire enfoncé, et ma famille en pleurs; on avait eu la barbarie de faire sortir de son lit ma petite fille Hectorine, âgée de deux ans et demi. Rien n'avait été respecté par les gendarmes; il en était resté une brigade chez moi, et ils m'attendaient pour m'arrêter; on me conduisit dans les prisons de Laon, mais un seul interrogatoire suffit pour prouver mon innocence; je fus mis en liberté.

Le 17 juin 1817, à quatre heures du matin, la brigade de gendarmerie de La Fère vint chez moi; j'étais au lit. Le brigadier commença par me demander mes armes, en me disant qu'il était porteur d'un ordre qui m'enjoignait de les lui remettre; en même temps, il m'exhiba cet ordre, dont je pris connaissance; après l'avoir lu, je lui dis que mes armes étaient à la tête de mon lit, qu'il pouvait les prendre puisqu'il y était autorisé, mais que je ne les remettrais pas moi-même.

Quand mon désarmement fut effectué, le juge de paix entra avec son greffier; le premier me demanda mes papiers; sans me déranger de mon lit, je lui dis : « Passez « dans la pièce à gauche, vous les trouverez « dans ma commode : j'en ai peu, ils consis- « tent en brevets et en ordres de mes chefs; « je ne garde jamais d'autres papiers ». J'ajoutai ensuite au juge de paix qu'il pouvait visiter ma maison depuis la cave jusqu'au grenier, et que je me reconnaissais coupable s'il trouvait la moindre chose qui fût contraire aux lois ou aux ordonnances du gouvernement. Il me crut sur parole et ne fouilla nulle part, mais il s'empara de mes papiers, les lut devant moi, les réunit, y apposa son cachet et moi le mien; ensuite il les remit au brigadier de gendarmerie qui avait l'ordre de m'arrêter aussitôt que le juge de paix aurait terminé sa visite. Je me levai et suivis les gendarmes; ils m'emmenèrent à Soissons chez le procureur du roi, qui me fit de suite conduire à la maison d'arrêt, où je fus mis au secret. J'y restai huit jours, sans pouvoir communiquer avec qui que ce soit. Le neuvième, je fus transféré à Laon par ordre du prévôt de l'Aisne (le marquis de Beauvais); mais je fus enchaîné comme un brigand, pendant tout le trajet de Soissons jusqu'à cette ville, où, étant arrivé, je fus conduit à la maison de justice et remis au secret; j'y suis resté pendant cinq mois, sans pouvoir embrasser une seule fois ma femme ni ma fille.

Les traitements que j'ai éprouvés pendant cette rigoureuse détention ne peuvent se dépeindre, ils furent affreux; je pensai suffoquer deux fois faute d'air : habitué depuis l'enfance à l'activité la plus grande, je fus obligé de rester cinq mois dans un cachot infect, de six pieds de large sur huit de long, ne recevant d'air que par deux trous grillés, où l'on avait entassé du fumier afin d'empêcher la circulation; j'étouffais dans cette horrible demeure; et, pendant cinq mois on ne m'interrogea point; je ne pus même savoir, pendant tout ce temps, de quel crime j'étais accusé.

Enfin, au bout de ce terme, on me fit la faveur de me faire sortir de cet affreux cachot, et il me fut permis de respirer un peu plus librement l'air empesté de ma prison.

Le 2 avril 1818, mon procès commença à la cour prévôtale, il ne fut terminé que le 12. J'étais accusé de faire partie et d'être l'un des chefs d'une réunion de plusieurs milliers d'insurgés. Deux cent vingt-huit témoins furent entendus ; la plupart ne m'avaient jamais vu de leur vie, et à peine en connaissais-je huit ou dix de nom.

Je vais donner dans le chapitre suivant quelques détails sur cette prétendue conspiration dont j'ai pensé être la victime, et dont j'ai entendu parler pour la première fois après cinq mois de cachot et de secret.

CHAPITRE XXIX

Mon acte d'accusation. — Ma défense. — Je suis acquitté et reconduit en triomphe par mes concitoyens.

Je commence ce chapitre par faire l'analyse de l'affaire dite *de Quincampoix :* elle est conforme à l'acte d'accusation ; je rapporterai ensuite le jugement rendu par la cour prévôtale contre tous les accusés. Cet exposé est extrait du n° 31 du *Journal de l'Aisne*, en date du samedi 18 avril 1818. Je transcrirai ensuite la partie de l'acte d'accusation qui me concernait particulièrement : c'est sur cette accusation que j'établis ma défense, en répondant à chaque inculpation, et en en démontrant l'absurdité et la fausseté. Quoique je sache mieux manier le sabre que la plume, je voulus faire cette défense moi-même, sans le secours d'aucun avocat; indigné de me voir dans les fers, la conviction de mon innocence me donna le courage de l'écrire; et je la lus devant mes juges, avec l'énergie d'un homme qui n'avait rien à se reprocher. (J'en donnerai un extrait pour terminer.)

DÉPARTEMENT DE L'AISNE.

COUR PRÉVOTALE.

AFFAIRE DE QUINCAMPOIX.

Audiences du 2 avril et jours suivants.

(Extrait du *Journal de l'Aisne,* n° 31.)

Au commencement de mai 1817, des bruits alarmants circulaient dans les campagnes; des propos séditieux se faisaient entendre; on annonçait un changement prochain de gouvernement : ces bruits, si souvent démentis jusqu'alors, avaient éveillé l'attention des autorités, qui cherchaient à remonter à leur source, quoiqu'ils ne parussent pas se rattacher à aucun projet.

Dans les premiers jours de juin, plusieurs maires furent instruits que la malveillance répandait des écrits incendiaires qui présageaient un événement prochain. La fermentation des esprits était remarquable dans une grande partie des arrondissements de Laon, Soissons et Château-Thierry; on parlait hautement d'un rassemblement armé qui se préparait. Le jour et le lieu en furent bientôt connus; on découvrit que les séditieux devaient se réunir la nuit du 5 au 6 juin dans la plaine de *Quincampoix.*

Instruit de ce qui se machinait, M. le sous-préfet de Soissons donna ordre à tous les maires des communes situées sur les deux bords de l'Aisne, de faire enchaîner les bacs et les bateaux qui étaient sur la rivière, pour intercepter toute communication d'une rive à l'autre. Des patrouilles de gendarmerie, de gardes champêtres et de gardes nationaux furent ordonnées; en un mot, aucune précaution ne fut négligée.

Ces mesures ne furent pas infructueuses, elles jetèrent l'alarme parmi les factieux; et le rassemblement, qui d'après leurs discours et les démarches de leurs émissaires devait être de plusieurs milliers d'hommes armés, ne s'éleva qu'à environ une centaine. Ne se voyant pas soutenus par les colonnes qui devaient arriver de Fismes, de Fère-en-Tardenois et de Château-Thierry, ils se dissipèrent promptement; quelques-uns de ces hommes furent rencontrés par les patrouilles et arrêtés les armes à la main.

Le but de ce rassemblement, qui devait se diriger sur Soissons, ne parut pas douteux; on saisit sur les conjurés des proclamations, signées d'un prétendu général *Marlemont*, chef des partisans, tendant au renversement du gouvernement; de nombreuses lettres de convocation, et des instructions sur la marche à suivre, étaient revêtues de la même signature; ces lettres, en invitant tous les anciens officiers et soldats à prendre les armes, les menaçaient de la perte de leur pension, s'ils ne se joignaient pas aux partisans.

C'est avec ces écrits répandus dans les campagnes par de nombreux émissaires, que l'on était parvenu à égarer le peuple, et à le porter à un attentat contre l'autorité royale.

Ce complot déjoué, quarante-six personnes

furent d'abord arrêtées comme soupçonnées d'en avoir fait partie; mais vingt-cinq seulement furent mises en accusation.

L'audience du 2 fut entièrement consacrée à la lecture de l'acte d'accusation, à l'exposé de l'affaire par M. le procureur du Roi, et à l'audition de quatre à cinq témoins; les dépositions des autres durèrent jusqu'au 7.

Le 9, M. le procureur du Roi parla dans le système de l'accusation; son plaidoyer, repris le 10, occupa une partie de cette audience.

Ce magistrat conclut à la peine de mort contre dix des accusés (j'étais du nombre), comme coupables ou complices d'un complot tendant au renversement du gouvernement; à trois années d'emprisonnement et à cinq cents francs d'amende, contre cinq, comme ayant eu connaissance de ce complot sans l'avoir révélé; et à ce que les autres fussent acquittés.

Les défenseurs des accusés, au nombre de quatre, occupèrent le reste de l'audience du 10, toute celle du 11, et une partie de l'audience du 12.

Mᵉ Lecocq, dont la tâche était d'autant plus difficile, que Joseph Martin, l'un de ses clients, avait fait de nombreuses concessions, s'est attaché à démontrer qu'il n'y avait point eu de complot contre l'État ; que Martin n'avait exercé aucun emploi ni commandement dans la bande dont il avait fait partie, et qu'il s'était retiré avant d'en avoir été averti par les autorités, ce qui ne le rendait passible d'aucune condamnation.

Mᵉ Blanchevoye, défenseur de M. l'adjudant-commandant Dufour, adoptant, ainsi que son confrère, le même système quant au complot, a dit qu'il était contre toute vraisemblance qu'un officier supérieur ait dirigé un rassemblement qui n'avait pour objet que la diminution du prix du pain, et dont les moyens d'exécution étaient aussi misérables ; que Martin, son accusateur, ne pouvait être cru contre son co-accusé, d'autant moins qu'il avait intérêt à le charger, et que ses dépositions fourmillaient de contradictions.

Après que Mᵉ Bernard eut établi la défense du colonel baron Seruzier, celui-ci a pris la parole avec la franchise d'un militaire qui, au souvenir d'une carrière brillante, s'indigne de se voir dans les fers ; son discours a produit sur l'assemblée une profonde impression.

Nous ne suivrons pas Mᵉ Hennecart dans la défense de ses nombreux clients : il a, comme ses confrères, cherché à détruire toute idée d'un complot tendant au renversement de l'autorité royale. Sa plaidoirie a occupé presque toute la séance.

A dix heures, la Cour est entrée dans la chambre des délibérations. Par son arrêt, rendu à huit heures du soir, elle a condamné Joseph Martin, charron à Sermoise; Alexis Clonier, manouvrier à Dœillet; et Michel Taté *père*, sabotier à Chassemy, à la déportation, comme ayant organisé un rassemblement d'hommes, en partie armés; Pierre-Antoine-Jean-Marie Deparpe, aubergiste à Soissons; François-Joachim Delamarche, maître d'écriture au même lieu; et Jean-Pierre Judas *dit* Vincent, tonnelier à Sermoise, à deux années d'emprisonnement, et chacun en cinq cents francs d'amende, pour défaut de révélation du projet de ce rassemblement; et tous solidairement aux frais.

Tous les autres accusés ont été acquittés.

Voici maintenant quelle était la partie de l'acte d'accusation qui me concernait ; on m'avait gardé pour le dernier. Le procureur du Roi termina en disant : « Attendu, que le
« colonel baron Seruzier est suffisamment
« prévenu d'avoir fait partie d'un complot
« dont il devait être l'un des chefs ; qu'il
« avait des rapports avec Clonier, auquel,
« longtemps avant le 5 juin, il avait annoncé
« un changement de gouvernement ; qu'il
« avait aussi des rapports avec le nommé
« Vaillant, l'un des principaux chefs de l'at-
« tentat, qui n'a pu être saisi; que ce Vail-
« lant a remis au colonel Seruzier une lettre
« dont celui-ci nie en vain la réception. Qu'à
« la fin de mai ou au commencement de juin,
« lorsque l'adjudant-commandant Dufour fut
« chez le sieur Bourse, le colonel Seruzier
« en fut aussitôt averti par le domestique
« dudit Bourse, et sur-le-champ se rendit
« chez ce dernier, où l'adjudant-commandant
« Dufour et le colonel Seruzier se sont em-
« brassés ; que là, Martin donna en com-
« munication, au colonel Seruzier, le nou-
« veau Code Napoléon, et que celui-ci dit :

« *Il est toujours le même : la peine n'est pas
« assez forte contre les maraudeurs, et nous
« n'en viendrons pas à bout; ces paysans pil-
« leront indistinctement;* qu'il ajouta *que
« les divisions qui se formaient du côté de
« Saint-Quentin étaient toutes composées
« d'anciens militaires;* que ledit colonel Se-
« ruzier quitta ensuite Martin, Bourse et
« Dufour, en s'excusant sur ce qu'il devait
« aller à une réunion entre La Fère et Saint-
« Quentin ; et, comme l'adjudant-comman-
« dant Dufour voulait avoir une entrevue
« avec le sieur Martin, colonel d'artillerie
« en retraite à La Fère, Seruzier se chargea
« de lui faire savoir qu'il eût à se trouver
« dans une prairie désignée à cet effet.

« Qu'il résulte de l'instruction, que le
« sieur Martin reçut ce jour-là un billet, par
« lequel on lui mandait de se rendre à l'en-
« droit indiqué; ce qu'il ne fit pas. Que le
« soin qu'a pris inutilement le colonel Se-
« ruzier de nier, pendant tous les débats,
« ses entrevues avec Dufour chez Bourse,
« prouve évidemment qu'il y avait un projet
« criminel; que cette dénégation continuelle

« ajoute encore aux graves préventions qui
« s'élèvent contre lui, etc..... »

Quand le procureur du Roi eut prononcé ses conclusions contre moi, je me levai, et, après avoir salué mes juges, je lis avec calme la défense que j'avais écrite à la hâte : voici comme je commençai.

« Messieurs (1),

« Depuis l'âge de quatorze ans je suis mi-
« litaire; né, pour ainsi dire, dans les camps,
« j'en contractai de bonne heure les habi-
« tudes; mon amour pour mes devoirs, ma
« soumission à la discipline, m'ont appris
« l'obéissance que je devais aux lois et à
« mes chefs : sachant obéir, je sus bientôt
« commander. Je ne suis point orateur ; mais,

---

(1) Je n'ai rien changé dans la défense du colonel Seruzier, elle peint mieux que tout ce qu'on pourrait dire le caractère énergique de l'homme qui m'a confié la rédaction de ses Mémoires ; je me suis contenté de faire quelques coupures peu importantes.

(*Note de l'Éditeur.*)

« pour ne rien omettre dans ma justification,
« je l'ai écrite avec la franchise d'un vieux
« soldat ; la conviction de mon innocence a
« guidé ma plume.

« Je vais répondre à chaque article de mon
« accusation ; et je réfuterai ensuite toutes
« les dénonciations dont on vous a fait lec-
« ture. »

Après ce préambule, je répondis à toutes les charges qui pesaient sur moi ; je démontrai la fausseté des accusations, et je prouvai qu'il y avait plus que de la malveillance de la part de ceux qui avaient voulu m'impliquer dans cette affaire ; je terminai de la manière suivante :

« Je puis assurer mes juges, que je n'ai
« jamais connu l'adjudant-commandant Du-
« four, je n'ai point eu de relations avec lui ;
« et ce n'est qu'à la lecture des pièces que
« j'ai reconnu en lui la personne que j'avais
« vue un instant (par hasard, et non avec
« intention), chez M. Bourse, le 23 mai. Il
« ne pouvait donc pas y avoir de rivalité
« entre nous deux pour le commandement
« d'un prétendu rassemblement dont je n'ai

« jamais fait partie, puisque j'en ai entendu
« parler pour la première fois à la salle d'au-
« dience lorsque nous y fûmes tous appelés,
« et, des quarante-six prévenus qui étaient
« présents, il n'y avait que M. Bourse qui me
« connût.

« Jamais Martin ne m'a fait voir, ni procla-
« mations, ni Code pénal, ni ordre de mar-
« cher; s'il l'eut fait, je l'aurais reconnu dans
« la chambre du geôlier de la prison lorsqu'il
« y fut confronté avec moi. Lesdites procla-
« mations, Code pénal et ordre de marche, ne
« sont venus à ma connaissance que lors de la
« lecture des pièces à l'Évêché et à la Maison
« de justice.

« J'ai déclaré, et déclare encore ne pas con-
« naître Clonier : je l'ai vu pour la première
« fois à la salle d'audience.

« Je n'ai pu faire déguiser mes domesti-
« ques en femme (comme j'en suis accusé),
« puisque, depuis le 15 janvier 1817, je n'ai
« qu'une seule fille pour mon service. Je ne
« suis pas non plus assez imbécile, pour
« avoir donné des robes à Clonier pour se
« déguiser, afin de prendre nuitamment avec

« ses complices, dans une ville comme La
« Fère, des armes consistant en canons,
« mortiers, obusiers, affûts, et projectiles
« de toute espèce, sabres, fusils et pistolets ;
« comme il en est question dans les dénon-
« ciations. Tout le monde sait que La Fère
« est une ville entourée d'eau ; qu'à cette
« époque les portes se fermaient une heure
« avant la nuit, et ne s'ouvraient qu'une
« heure après le jour ; donc, ce qui con-
« cerne les habillements de ma femme, prêtés
« à Clonier pour se travestir, est une histoire
« sottement inventée depuis la lecture des
« pièces, et dont avant il n'avait nullement
« été question.

« Si, après l'assassinat du maréchal Brune,
« j'avais été opposé au gouvernement royal
« lorsque je commandais à Toulon en 1815,
« aurais-je défendu avec tant de zèle cette
« place formidable, et son port encore plus
« redoutable ?

« Si j'avais été un traître, comme on se
« l'est imaginé, n'aurais-pas livré ce port
« aux Anglais ? N'aurais-je pas livré la ville
« aux Autrichiens, aux Siciliens, aux Napoli-

« tains, aux Piémontais et aux Marseillais qui
« l'entouraient ?

« Quand les Anglais m'ont offert des mil-
« lions pour avoir Toulon, son beau port
« et ses deux arsenaux, leur aurais-je ré-
« pondu, que s'ils m'envoyaient encore des
« parlementaires pour me faire des proposi-
« tions avilissantes pour un homme d'hon-
« neur, elles seraient regardées par moi
« comme un commencement d'hostilités et
« que les parlementaires seraient prison-
« niers de guerre, en attendant que S. M.
« Louis XVIII, eût prononcé sur leur sort?

« Les lettres de félicitations que j'ai reçues
« à cette époque (lettres que l'on a saisies
« chez moi avec mes autres papiers, lors de
« mon arrestation) sont la preuve de ce que
« j'avance; l'une est de M. le marquis de la
« Maisonfort, ministre de la maison du Roi ;
« et les deux autres sont des ministres de la
« guerre et de la marine.

« Je dois ajouter ici, qu'aussitôt l'arrivée
« du général Partouneaux à Toulon, plusieurs
« colonels reçurent l'ordre de se rendre à l'île
« d'Elbe pour y chercher le personnel et le

« matériel de l'artillerie qui y était, et ra-
« mener le reste de la maison de Napoléon :
« ils refusèrent. Je reçus le même ordre et
« j'obéis de suite.

« L'indemnité que j'ai reçue pour avoir
« bien fait mon devoir dans toutes les cir-
« constances de ma vie, c'est d'avoir perdu
« toutes mes économies lorsque je fus fait
« prisonnier ; c'est encore, d'avoir vu deux
« fois mon domaine pillé et ravagé par les
« armées russe et prussienne, sans pouvoir
« obtenir la moindre gratification ; tandis
« que d'autres individus recevaient des se-
« cours dont ils n'avaient pas besoin. Enfin,
« après trente-trois ans et demi de services
« honorables, pendant lesquels j'ai con-
« stamment eu l'estime et la confiance de
« mes chefs ; pour m'indemniser des nobles
« cicatrices que je porte sur mon corps
« (cicatrices qui sont en plus grand nom-
« bre que je n'ai d'années), je reçois pour
« toute récompense ma retraite, l'enchaîne-
« ment, le cachot, l'avilissement et le dés-
« honneur. Ah ! Messieurs ! je méritais autre
« chose.

« Je vous déclare, Messieurs, que si j'avais
« jamais fait partie d'un rassemblement,
« on m'aurait vu paraître ; je ne suis pas
« homme à rester derrière le rideau ; et, si
« j'y avais été, j'assure que malgré la bonne
« opinion que j'ai de la gendarmerie, dont
« plus d'une fois j'ai été à même d'apprécier
« la bravoure aux armées, ce n'aurait pas
« été une brigade, ni deux, ni quatre, qui
« aurait fait dissoudre un attroupement
« dont j'aurais été un des principaux chefs
« (comme j'en ai été accusé) ; je suis trop
« bon militaire pour cela. Je vous jure sur
« mon honneur, que si j'avais été capable de
« la moindre trahison, on ne m'aurait jamais
« eu vivant.

« Pendant que j'étais au secret, le défunt
« geôlier est venu huit fois ouvrir mon ca-
« chot pour me faire voir aux agents de mes
« vils et lâches ennemis. L'hyène, l'animal
« le plus vorace et le plus sanguinaire, n'est
« point comparable à la barbarie de ces êtres
« hypocrites et méprisables, qui ne se plai-
« sent que dans le mal et dans la désunion.
« Mes dénonciateurs trouvaient leur jouis-

« sance à s'abreuver des larmes qu'ils fai-
« saient répandre à ma malheureuse famille,
« qui n'a dans ce moment que moi seul pour
« appui.

« Oui! je le dis, avec la franchise d'un
« vieux militaire qui n'a rien à se reprocher,
« l'hyène, qui se repaît des cadavres qu'elle
« déterre, n'est pas aussi féroce que mes vils
« dénonciateurs.

« L'idée seule, d'avoir pu être soupçonné
« d'entretenir des relations et des liaisons
« particulières avec un être aussi méprisable
« que Clonier, m'est plus pénible que le sou-
« venir des chaînes que j'ai portées, par l'ordre
« (m'a-t-on dit) de M. le prévôt, lorsque je fus
« transféré de Soissons à Laon.

« J'ai vu d'après les débats de cette affaire,
« que Martin s'était fait nommer *Marle-*
« *mont*, et Clonier (qui était son major gé-
« néral) *Bertrand*. Comme l'adjudant com-
« mandant Dufour avait, dans un temps,
« commandé le département, ces intrigants
« l'ont cité comme étant à la tête du com-
« plot; et, pour se donner plus de poids
« auprès de malheureux paysans qu'ils vou-

« laient séduire, ils ont emprunté mon nom et
« celui des colonels Debussy et Marin-Du-
« buard, en nous désignant comme chefs.

« Messieurs, je le dis avec peine, mais
« avec vérité, c'est le crime qui a dénoncé
« l'honneur. J'étais tranquille dans ma mai-
« son, ne voyant personne, et ne m'occu-
« pant que de mes affaires domestiques; on
« est venu nuitamment chez moi ; on a violé
« mon asile contre toutes les lois; on m'a
« mis dans un cachot au secret; l'on m'a
« conduit enchaîné comme un vil criminel,
« d'une ville dans une autre; si l'on ne devait
« pas des égards à un vieux soldat couvert
« de soixante-cinq blessures honorables, on
« aurait dû au moins respecter les nobles
« décorations que je portais; toutes les humi-
« liations m'ont été prodiguées pendant cinq
« mois que j'ai été au secret; et tout cela
« a eu lieu avant de savoir si j'étais cou-
« pable, puisque je n'avais point encore été
« interrogé.

« Je n'oublierai jamais le respect que je
« dois à mes juges; mais je ne ménagerai
« pas mes vils et lâches dénonciateurs. Je

« suis ici pour dire la vérité, j'aurai le cou-
« rage de la dire tout entière ; s'ils étaient
« obligés de faire un récit exact de leur con-
« duite, seulement depuis deux ans, comme
« je viens d'avoir l'honneur de le faire pour
« moi depuis mon entrée dans la carrière
« militaire, ils seraient bien embarrassés ; je
« me contente de leur dire : mettez la main
« sur votre conscience ; elle ne vous dira
« pas, j'en suis sûr, ce que la mienne me
« dit : *Je suis sans peur, parce que je suis sans
« reproche.*

« Je termine par dire à la Cour ce que
« disait à son roi un ami vrai, et un sujet
« fidèle ; accusé, comme moi, de trahison :
« *Sire* (disait Sully à Henri IV) ! *un brave
« n'est jamais parjure.*

« J'attends mon jugement avec calme et
« sécurité ; quand on a affaire à des juges in-
« tègres, comme vous, Messieurs, l'innocence
« peut attendre avec tranquillité la justice
« qu'elle mérite. »

A huit heures du soir je fus acquitté à
l'unanimité ; je cherchai à me dérober à
l'enthousiasme de mes concitoyens : ce fut

en vain. Je fus porté en triomphe chez moi, au milieu de leurs acclamations; et, le lendemain je reçus plus de cent visites et plus de trente lettres de félicitations, des vers, etc....... (1).

(1) Parmi les auteurs des nombreuses pièces de vers qui me furent adressées, je me plais à nommer M. A. Lecointe *fils*, employé à la préfecture; et M. Renard, avocat à Laon; je consacre une ligne à la reconnaissance pour l'intérêt particulier qu'ils m'ont témoigné pendant ma détention.

CHAPITRE XXX

Conclusion.

Peu de temps après le jugement qui m'acquitta, j'obtins un passe-port pour me rendre à Paris; mes affaires se trouvaient dans le plus mauvais état par suite d'une si longue détention, et j'espérais beaucoup de ce voyage. Je sollicitai d'abord une indemnité du gouvernement, alléguant pour motif, que mes propriétés avaient été pillées deux fois pendant la double invasion, tandis que j'étais à mon poste à défendre mon pays; mais, je n'obtins rien. J'en sollicitai une autre pour le tort que m'avait fait une détention de dix mois; je ne fus pas plus heureux : fatigué de ne pouvoir obtenir justice, je cessai de demander; mais, ne voulant plus respirer le même air que mes dénonciateurs, je quittai mon pays natal, et vins me fixer avec ma famille à Château-Thierry : là, revenu des vanités du monde, n'ayant rien à me reprocher, je vis heureux en cultivant mon petit domaine ; j'élève mes trois enfants dans les sentiments d'honneur que j'ai toujours professés ; et, malgré toutes les injustices que l'on m'a faites, si ma patrie avait encore besoin de mon bras pour repousser l'ennemi commun, on me verrait voler au premier rang des braves, et prouver qu'un bon Français est toujours prêt à verser son sang pour le maintien des lois et l'indépendance de son pays.

Château-Thierry, 1823.

LE BARON SERUZIER,

Colonel d'artillerie légère, en retraite.

TABLE DES CHAPITRES

CONTENUS DANS LES MÉMOIRES MILITAIRES

DU COLONEL SERUZIER.

	Pages.
Avant-propos de l'éditeur....................	v
Chap. Ier. Mon entrée dans l'état militaire. — Coup d'œil rapide jusqu'à ma promotion au grade de capitaine..........	1
— II. Campagnes de l'an V, l'an VI et l'an VII.....................	13
— III. Bataille de Hohenlinden.	19
— IV. Bataille d'Austerlitz.................	28
— V. Bataille d'Iéna.....................	32
— VI. Bataille d'Eylau...................	40
— VII. Prise du général Blücher. — Son échange contre le duc de Bellune.	50
— VIII. Bataille d'Heilsberg................	58
— IX. Bataille de Friedland...............	68
— X. Pilau. — Paix de Tilsit.............	76
— XI. Entrevue d'Erfurt..................	87

		Pages.
Chap. XII.	Insurrection du major Schill. — Sa mort......................	97
— XIII.	Nouvelle guerre avec l'Autriche......	113
— XIV.	Affaire de Thann. — Prise de Landshut. — Bataille d'Eckmühl. — Prise de Ratisbonne. — Bataille d'Ebersberg. — Marche sur Vienne.	118
— XV.	Bataille d'Essling.................	130
— XVI.	Occupation de l'île de Lobau......	140
— XVII.	Fait historique important	151
— XVIII.	Bataille de Wagram...............	171
— XIX.	Paix de Presbourg.................	182
— XX.	Campagne de Russie. — Batailles de Smolensk et de Valutina-Gora.....	185
— XXI.	Bataille de la Moskowa ou de Mojaïsk........................	197
— XXII.	Prise de Moskow. — Excursion en Ukraine. — Affaire de Winkowo. — Évacuation de Moskow...........	215
— XXIII.	Retraite de l'armée française. — Affaire de Maloiaroslawetz. — Détail des engagements qui ont eu lieu jusqu'au passage de la Bérésina	233
— XXIV.	Passage de la Bérésina............	251
— XXV.	Affaires sur la route de Kowno. — Je suis fait prisonnier..........	263
— XXVI.	Détails sur ma captivité jusqu'à mon échange. — Mon entrevue avec le prince Constantin, etc........	269

TABLE DES CHAPITRES.

Pages.

Chap. XXVII. Campagne de 1815. — Ma conduite à Toulon.................... 286
— XXVIII. Persécutions que j'ai éprouvées. — Dénonciation. — Mon arrestation. — Mes souffrances en prison. — Je suis traduit à la cour prévôtale pour y être jugé comme conspirateur...................... 291
— XXIX. Mon acte d'accusation. — Ma défense. — Je suis acquitté et reconduit en triomphe par mes concitoyens.................. 297
— XXX. Conclusion.................... 317

Table des chapitres........................ 319
Table alphabétique des personnages et des corps cités dans ces mémoires........................ 323
Table alphabétique des villes, villages, rivières, etc., dont il est parlé dans ces mémoires............ 333

TABLE ALPHABÉTIQUE

DES PERSONNAGES ET DES CORPS CITÉS

DANS CES MÉMOIRES.

A

ALEXANDRE (l'empereur), pages 227, 238, 281 et 282.
ARMÉE D'ALLEMAGNE, p. 18 et 19; — de la Loire, p. 290;
— d'Helvétie, p. 16; — d'Italie, p. 201; — du Var,
p. 288.
ARTILLERIE A CHEVAL. 1er régiment, p. 185. — 2e régiment, p. 185. — 4e régiment, p. 185. — 5e régiment,
p. 25.
ARTILLERIE A PIED. 5e régiment, p. 113 et 174. —
7e régiment, p. 9.

B

BAGRATION (le prince), général russe, p. 190 et 200.
BAILLON, chef de bataillon, p. 156, 159, 161, 162 et
163.
BARCLAY DE TOLLY, général russe, p. 200.
BEAUVAIS (le marquis de), p. 295.
BECKMANN, brigadier d'artillerie légère, p. 107, 108, 109
et 110.

BESSIÈRES (le maréchal), *duc d'Istrie*, p. 64.
BÉNIGSEN, général russe, p. 201, 226 et 229.
BERNADOTTE (le maréchal), *prince de Ponte-Corvo*, p. 42 et 56.
BERNARD, avocat, p. 302.
BERRY (S. A. R. le duc de), p. 287.
BERTRAND, partisan, p. 313.
BERTHEZÈNE, colonel du 10ᵉ léger (actuellement général), p. 77 et 176.
BERTHIER, *prince de Wagram*, major général, p. 92.
BLANCHEVOYE, avocat, p. 302.
BLUCHER, général prussien, p. 50, 51, 52, 53 et 54.
BONAPARTE (*Voyez* CONSUL, EMPEREUR *et* NAPOLÉON), p. 17 et 55.
BOURSE, p. 304, 305, 307 et 308.
BRIGADE DE FER (la), p. 57.
BROUSSIER, général, p. 234 et 244.
BRUNE (le maréchal), p. 288.

C

CABRIÉ, capitaine d'artillerie, p. 11.
CAULINCOURT, général, p. 205, 206, 207 et 209.
CHARBONNEL, général d'artillerie, p. 126.
CHARLES (*le prince*), p. 119, 127, 128, 131, 132 et 173.
CLONIER (Alexis), p. 303, 304, 308 et 313.
CLY, chef d'escadron d'artillerie, p. 196.
COLONEL-GÉNÉRAL (les dragons de), p. 2.
COMPANS, général, p. 195 et 237.

DES PERSONNAGES ET DES CORPS.

Constantin (*le grand-duc*), p. 74, 75, 92, 93, 269, 277, 278, 280 et 281.

Consul (le premier) (*Voyez* Bonaparte, Empereur *et* Napoléon), p. 24.

Corps. — Le premier, p. 40, 42, 56, 89, 130, 194, 201, 215 et 248. — Le second, p. 123, 127, 130, 131, 132, 148, 151, 152, 169, 172, 177, 179, 182, 183, 204 et 253. — Le troisième, p. 32, 40, 42, 44, 45, 60, 130, 172, 173, 177, 201, 203 et 253. — Le quatrième, p. 40, 56, 57, 58, 59, 76, 87, 91, 128, 148, 201, 236, 237 et 248. — Le cinquième, p. 130 et 253. — Le sixième, p. 40, 41, 56 et 130. — Le septième, p. 130.

Corps de réserve de cavalerie (le second), p. 185.

D

David, chirurgien-major du 57ᵉ régiment, p. 150.

Davout (le maréchal), *duc d'Auerstedt, prince d'Eckmühl*, p. 32, 36, 38, 41, 45, 95, 123, 190, 191, 194, 237, 238, 239 et 288.

Debussy, colonel, p. 313.

Delamarche (François), p. 303.

Delzons, général, p. 232, 233 et 234.

Deparpe (Pierre), p. 303.

Division Saint-Hilaire (la), p. 46, 76, 87, 89, 91, 95, 116, 123, 127 et 128.

Doctorow, général russe, p. 233.

Dorsenne, général, p. 138.

Dromadaires (compagnie de), p. 18.

DUFOUR, adjudant-commandant, p. 302, 304, 305, 307 et 313.

DUPONT, général, p. 286.

E

ÉBLÉ, général, p. 255.

EMPEREUR (l') (*Voyez* BONAPARTE, CONSUL *et* NAPOLÉON), p. 29, 31, 38, 44, 45, 47, 48, 63, 65, 67, 69, 70, 71, 92, 93, 95, 123, 125, 126, 135, 144, 145, 146, 152, 153, 154, 156, 157, 176, 180, 181, 196, 197, 198, 201, 205, 207, 210, 211, 212, 213, 215, 225, 237, 239, 242, 245, 246, 247, 248, 252, 253, 254, 257 et 287.

ESPAGNE (d'), général de cuirassiers, p. 128, 141 et 205.

EUGÈNE (*le prince*), vice-roi d'Italie, p. 190, 225, 232, 233, 234, 236, 237 et 243.

F

FOY, général, p. 25.

FRANCONI (écuyer cité), p. 205.

G

GARÇON, chef de bataillon, p. 167.

GARDE IMPÉRIALE (jeune et vieille). — Infanterie, p. 64, 127, 128, 134, 138, 148, 172, 215, 221, 230, 247, 248 et 253. — Cavalerie, p. 207. — Artillerie, p. 207.

DES PERSONNAGES ET DES CORPS. 327

Garde royale d'Italie, p. 234 et 244.
Garde du roi de Prusse, p. 35.
Gérard, général, p. 237.
Gouvion Saint-Cyr (le maréchal), p. 245.
Grand-Jean, général, p. 149.
Grenadiers réunis (les), p. 123, 128 et 169.
Grénier, général, p. 22.
Gudin, général, p. 191.
Guilleminot, général, p. 234 et 244.

H

Hautpoul (d'), général de cavalerie, p. 205.
Hennecard, avocat, p. 303.
Henri IV, p. 315.
Hilaire (le général Saint-), p. 40, 42, 43, 44, 45, 59, 78, 82, 95, 97, 103, 112, 119, 132, 133 et 149.
Hoche, général, p. 11, 13 et 15.
Hussards français. — Le quatrième régiment, p. 15. — Le onzième, p. 98. — Le douzième, p. 98.
Hussards étrangers. — Autrichiens (de Ferdinand), p. 116. — Polonais (premier régiment), p. 215. — Prussiens (noirs), p. 50. — (Rouges de la garde prussienne), p. 33.

I

Infanterie de ligne. — Trentième régiment, p. 36. — Quarante-sixième, p. 57 et 137. — Cinquante et unième, p. 33. — Cinquante-septième, p. 57, 95, 122, 138 et 146. — Cinquante-neuvième, p. 95. — Soixante-seizième, p. 122.

INFANTERIE LÉGÈRE. — Dixième régiment, p. 76, 84, 119, 121, 122, 123 et 176. — Quatorzième, p. 84.

IWACHKIN, chef de la police à Moskow, p. 220.

J

JEAN (*l'archiduc*), p. 22.
JUDAS, *dit* VINCENT (Jean-Pierre), p. 303.

K

KLÉBER, général, p. 18.
KLEIN, canonnier, p. 266, 271, 272 et 274.
KORFF, général russe, p. 189 et 191.
KORSAKOW, général russe, p. 283.
KORSAKOW (fils du précédent), p. 283.
KRASMER, général autrichien, p. 153, 160, 161, 162 et 165.
KUTUSOW, général en chef russe, p. 201, 225, 232 et 233.

L

LANNES (le maréchal), p. 125, 131, 132 et 133.
LASALLE, général de cavalerie, p. 205.
LAURISTON, général, p. 250.
LECOCQ, avocat, p. 301.

DES PERSONNAGES ET DES CORPS. 329

LECOINTE *fils*, p. 316.
LE MIERE DE CORVEY, officier supérieur, rédacteur de ces Mémoires, p. 25 et 137.
LENOIR, chef de bataillon, p. 166.
LEVIÉ, général, p. 236.
LORENCEY, général, p. 180.
LOUIS XVIII, p. 289 et 310.
LOUIS DE PRUSSE (*prince*), p. 30.

M

MACDONALD (le maréchal), *duc de Tarente*, p. 187 et 190.
MAISONFORT (le marquis de LA), p. 310.
MARIN-DUBUARD, colonel, p. 313.
MARLEMONT, chef de partisans, p. 300 et 313.
MARTIN (Joseph), p. 301, 302, 303, 304, 305, 308, 309 et 313.
MASSÉNA (le maréchal), *duc de Rivoli et prince d'Essling*, p. 91, 137, 139, 148 et 167.
MÉNARD, général, p. 25.
MILORADOWITCH, général russe, p. 243.
MONTBRUN, général de cavalerie, p. 185, 195 et 205.
MORAND, général, p. 32.
MOREAU, général en chef, p. 19 et 23.
MORTIER (le maréchal), *duc de Trévise*, p. 230 et 285.
MURAT (le grand-duc Joachim), *roi de Naples*, p. 74, 185, 190, 201, 205, 214, 216, 222, 224, 225, 226, 228 et 229.

N

Napoléon (*Voyez* Bonaparte, Consul *et* Empereur), p. 28, 42, 45, 55, 60, 63, 64, 65, 69, 73, 92, 93, 129, 136, 145, 152, 154, 162, 180, 188, 197, 202, 203, 210, 212, 224, 225, 231, 281, 287, 289 et 311.

Navelet, général d'artillerie, p. 132 et 133.

Nègre, général, p. 250.

Ney (le maréchal), *prince de la Moskowa*, p. 18, 24, 26, 41, 47, 56, 191, 201, 203, 205, 206, 207, 213, 242, 243, 248, 257, 261, 279 et 280.

O

Orlow (le comte), p. 227, 229 et 285.

Ornano, général, p. 234.

Oudinot (le maréchal), *duc de Reggio*, p. 133, 134, 135, 152, 153, 166, 180, 182, 190, 245, 247 et 253.

P

Pariset, chef d'escadron d'artillerie, p. 196.

Partouneaux, général, p. 254, 255, 288 et 310.

Paulinier, capitaine d'artillerie, p. 93 et 94.

Péraldi, colonel, p. 236.

Percy, chirurgien en chef des armées, p. 74.

Pille, général, p. 25.

Pino, général italien, p. 234 et 244.

DES PERSONNAGES ET DES CORPS.

Platow, *hetman* des cosaques, p. 244, 268, 269, 270, 271 et 272.
Pons, chef d'escadron d'artillerie, p. 253.

R

Rapp, général, p. 209.
Régnier, général, p. 191.
Renard, avocat, p. 316.
Richepanse, général, p. 20.
Romangin, chef d'escadron d'artillerie, p. 196.
Rostopchin (le comte), *gouverneur de Moskow*, p. 214, 217 et 220.
Ruty, général d'artillerie, p. 287.

S

Saint-Priest, général au service de la Russie, p. 281.
Schill, major prussien, p. 97, 98 et suiv. jusqu'aux p. 112, 114 et 115.
Schwartzenberg (*le prince de*), général autrichien, p. 187, 191 et 246.
Sébastiani, général, p. 209, 218, 221, 229 et 248.
Sénarmont, général d'artillerie, p. 70 et 71.
Seruzier *père*, p. 1 et suiv., 9 et suivantes.
Sobieski (Jean), *roi de Pologne*, p. 148.
Sorbier, général d'artillerie, p. 33.
Soult (le maréchal), *duc de Dalmatie*, p. 54, 56 et 58.
Soulzert, brigadier d'artillerie, p. 149.

SULLY, ministre de Henri IV, p. 315.
SUWAROW, général en chef russe, p. 283.

T

TATÉ *père* (Michel), p. 303.
TCHITCHAGOW, amiral russe, p. 246.
TOUL (le régiment de), corps royal d'artillerie, p. 4.
TOUR-D'AUVERGNE-CORRET (LA), premier grenadier de France, p. 137.

V

VAILLANT, p. 304.
VICENCE (le duc de), *grand écuyer*, p. 205.
VICTOR (le maréchal), *duc de Bellune*, p. 54, 55, 89, 254, 255 et 256.

W

WINTZINGERODE, général russe, p. 230.
WITTGENSTEIN, général russe, p. 245.
WURTEMBERG (*le prince de*), p. 191.

TABLE ALPHABÉTIQUE

DES VILLES, VILLAGES, RIVIÈRES, ETC., DONT IL EST PARLÉ DANS CES MÉMOIRES.

A

ALDENHOVEN, ville du pays de Juliers, page 9.
ALSACE, province de France, p. 16.
ANCLAM, ville de la Poméranie prussienne, p. 96, 106 et 112.
ASPERN (Gross'), gros bourg près de Vienne, p. 130, 131 et 137.
AUSCHTETT ou AUERSCHTET, petite ville de la Thuringe, p. 32, 35 et 38.
AUSTERLITZ, ville de Moravie, célèbre par la bataille de ce nom, p. 25, 28, 29, 30, 198, 274 et 281.
AUTRICHE (Basse), province d'Allemagne, p. 24 et 183.

B

BADE (grand-duché de), p. 183.
BASLE, ville de Suisse, p. 16.
BALTIQUE (la mer), p. 76, 84.
BAMBERG, ville d'Allemagne, p. 116.
BARTH, ville de Prusse, p. 96 et 10

BAUMERSDORFF, village près de Wagram, p. 168, 169, 172, 173 et 174.

BAVIÈRE (royaume de), p. 24, 30 et 183.

BERLIN, capitale de la Prusse, p. 39, 89, 91, 95 et 96.

BÉRÉSINA (la), rivière de Russie, p. 233, 246, 247, 250, 251, 253, 257 et 260.

BESANÇON, ville forte du département du *Doubs*, p. 25 et 184.

BLUMEN, village de Prusse, p. 52.

BOHÊME, royaume d'Allemagne, p. 131 et 179.

BONONIA, défilé situé en Lithuanie, p. 245.

BORISOW, ville de Russie, p. 246 et 247.

BORODINO, village célèbre par la bataille de la Moskowa p. 197 et 200.

BOULOGNE (camp de), p. 25, 26 et 151.

BRESLAW, capitale de la Silésie, p. 39.

BRINHEIM, village de Prusse, p. 52.

BRINSDORFF, château sur le Danube, près Vienne, p. 162, 164, 166, 167 et 168.

BROMBERG, ville de Prusse, p. 186.

BRUNN, ville de Moravie, p. 131, 132 et 274.

BUG (le), grande rivière de Pologne, p. 187.

C

CATZAN (l'île de), p. 26.

CHARLOTTENBOURG, château royal près de Berlin, sur la Sprée, p. 89.

CHARMES, pays natal du colonel *Seruzier* (département de l'*Aisne*), p. 1, 285 et 286.

DES VILLES, VILLAGES, RIVIÈRES, ETC.

CHATEAU-THIERRY, ville du département de l'*Aisne*, p. 299, 300 et 318.
CHEWARINO, village près de Borodino, p. 200 et 201.
CLOSTER-NEWBOURG, situé près Vienne, p. 127.
CUSTRIN, ville forte de Prusse, p. 186.
CZERNIWZNA, petite rivière de Russie, p. 228.

D

DAM, ville de la Poméranie prussienne, sur l'Oder, p. 96 et 103.
DANTZICK, ville libre, sur la Baltique, p. 50 et 188.
DANUBE (le), fleuve d'Allemagne, p. 127, 128, 130, 131, 133, 135, 140, 141, 146, 151, 153, 162 et 171.
DNIÉPER (le), fleuve de Pologne, p. 188, 189 et 248.
DOROGOBUJ, ville de Russie, p. 243.
DWINA, fleuve de Pologne, p. 288.

E

EBERSBERG, ville d'Autriche, p. 124 et 125.
ÉGYPTE, pays d'Afrique, p. 16, 17 et 18.
EHRENBREITSTEIN, forteresse, p. 16.
ELBE (l'île d'), p. 310.
ELBING, ville de Prusse, p. 186.
ENS, ville d'Autriche, p. 125.
ENZERSDORFF, petite ville près Vienne, p. 130, 168 et 171.
ERFURT, grande ville de la Haute-Thuringe, p. 87, 91. 277 et 278.

Essling, petite ville près Vienne, célèbre par la bataille de ce nom, p. 130, 137, 139, 141, 145, 149 et 180.

Eylau, petite ville de Prusse, célèbre par la bataille de ce nom, p. 39, 40, 41, 48 et 58.

F

Ferdinand-Owen, ville de la Poméranie, p. 103, 104 et 112.

Fère (La), petite ville du département de l'*Aisne*, p. 293, 305 et 309.

Fère-en-Tardenois, bourg du département de l'*Aisne*, p. 300.

Filden-Hoven, petite ville sur la Baltique, p. 84.

Fismes, ville du département de la *Marne*, p. 300.

Francfort-sur-l'Oder, ville de Prusse, p. 39.

Franconie, cercle d'Allémagne, p. 15.

Fréjus, ville du département du *Var*, p. 18.

Friedland, ville de Prusse dans le cercle de Natangen, célèbre par la bataille de ce nom, p. 68, 72, 73, 198 et 212.

Frisch-Haff, golfe de la mer Baltique, p. 84.

G

Glogaw, ville de Silésie, p. 96 et 103.

Gorka, village russe près de Borodino, p. 201.

Gorodeczna, village russe, p. 191.

Greiffswald, ville de la Poméranie suédoise, p. 96, 98, 99, 102, 103, 105, 106 et 112.

GRIDNOWO *ou* GRIDNEWA, village russe, p. 194.
GRINET (le cap), p. 26.
GUMBINEN, ville de Prusse, p. 186.

H

HAAG, petite ville de Bavière, p. 20.
HEILSBERG, petite ville de Prusse, célèbre par la bataille de ce nom, p. 57, 58, 66, 73 et 74.
HOHENLINDEN, ville de Bavière, célèbre par la bataille de ce nom, p. 19 et 20.
HONGRIE, royaume d'Allemagne, p. 131.

I

IÉNA, ville de la Thuringe, célèbre par la bataille de ce nom, p. 30 et 32.
INCHNOW, ville russe, p. 239.
INN, rivière d'Allemagne, p. 18, 19 et 114.

J

JULIERS (pays de), p. 8.

K

KALUGA, ville de Russie, p. 221, 222 et 224.
KASAN, capitale du gouvernement de Kasan en Russie, p. 214, 218, 221 et 222.
KALEMBERG *ou* CALEMBERG, montagne près Vienne, p. 127.

Kœnigsberg, ville de Prusse sur la Prégel, p. 58, 66, 76, 86, 87 et 187.
Kologha, petite rivière de Russie, p. 200.
Kowno, ville de Lithuanie, p. 186, 187, 261, 262 et 263.
Krasnoï, ville de Russie, p. 248.

L

Lambach, petite ville d'Allemagne, p. 24.
Landshut, ville de Bavière, p. 118 et 123.
Lang-Entzersdorf, grand village près Wagram, p. 171.
Laon, ville du département de l'*Aisne*, p. 293, 295, 299, 315 et 316.
Lectaskowa, ville de Russie, p. 233.
Leipsick, ville de Saxe, p. 39, 186 et 285.
Liebstat, ville de Prusse, p. 49, 51, 53 et 56.
Lille, ville forte de France, p. 285.
Lintz, capitale de la Haute-Autriche, p. 124.
Lithuanie, province de Pologne, p. 187.
Lobau, grande île formée par le Danube devant Vienne, p. 128, 131, 133, 135, 136, 138, 139, 140, 141, 144, 147, 148, 151, 152, 168 et 171.
Lomitten, petite ville de Prusse, p. 53.
Lublin, belle ville de Pologne, p. 186 et 187.
Luja, rivière de Russie, p. 232, 237 et 238.
Lunéville, ville du département de la *Meurthe*, p. 24.

M

Magdebourg, ville d'Allemagne, p. 15.
Maloczkina, village russe, p. 237.

DES VILLES, VILLAGES, RIVIÈRES, ETC. 339

Maloiaroslawetz, petite ville de Russie, p. 232, 233, 234, 238 et 239.

Manheim, ville d'Allemagne, p. 27.

Marche (la), province de Prusse, p. 97 et suiv.

Maria-Hulf, faubourg de Vienne, p. 125 et 126.

Marienverder, ville de Prusse, p. 186.

Maslowa, village russe près de Borodino, p. 200.

Mayence, ville forte sur le Rhin, p. 16.

Medin, village russe, p. 239.

Memel, ville de Prusse, p. 187.

Metz, ville forte du département de la *Moselle*, p. 18, 183 et 184.

Minsk, ville russe, p. 246 et 247.

Mohilow, grande ville de Lithuanie, p. 190.

Mojaisk, ville de Russie, p. 192, 194, 197 et 239.

Montabour, petite ville d'Allemagne, près le Rhin, p. 15.

Moravie, province autrichienne, p. 131 et 179.

Moskow, capitale de la Russie, p. 188, 192, 198, 209, 213, 214, 215, 217, 218, 219, 220, 221, 222, 223, 224, 226, 230, 239, 250 et 257.

Moskowa, rivière de Russie, célèbre par la bataille de son nom, donnée à Mojaïsk, p. 194, 196, 197, 198, 199, 200, 212, 213 et 225.

Moskovites (employé pour Russes), p. 214.

Munich, capitale de la Bavière, p. 18 et 24.

Munster, grande ville d'Allemagne, p. 184, 185 et 186.

N

Naïmbourg, ville de Saxe, p. 32.

Nara (la), rivière de Russie, p. 226, 228 et 229.
Nareffe (la), rivière d'Allemagne, p. 39.
Neuhausen, ville de la Pologne prussienne, p. 50.
Neuwied, petite ville sur les bords du Rhin, p. 13 et 207.
Niémen (le), fleuve de Pologne, p. 74, 186, 187, 246 et 264.
Nogat (l'île de la), située sur la Vistule, près de Marienbourg, p. 279.

O

Oder (l'), fleuve d'Allemagne, p. 87, 95, 96, 99, 101, 103 et 186.
Orscha, ville russe, p. 248 et 249.
Ostrowno, petite ville de Russie, p. 190.

P

Passarewo, petit village russe, près de Borodino, p. 200.
Passarge (la), rivière de Prusse, p. 49 et 55.
Passau, ville de Bavière, p. 124.
Pétrowskoe, château situé près de Moskow, p. 221.
Pilau, ville forte sur la Baltique, p. 76, 79, 84, 85 et 86.
Pilau (Alt-), faubourg de Pilau, p. 78, 79 et 84.
Plotzk, ville de Pologne, p. 186.
Polotsk, ville de Lithuanie, p. 245.
Posen, ville de Pologne, p. 39.
Polten (Saint-), petite ville d'Autriche, p. 24.

DES VILLES, VILLAGES, RIVIÈRES, ETC.   341

Prenzlow, ville de Prusse, p. 87, 103 et 113.
Presbourg, capitale de la Hongrie, p. 131, 171 et 182.
Preuss-Holland, ville de Prusse, p. 51.
Prusse (royaume de), p. 30.
Pultawa, place forte de l'Ukraine, p. 222, 228 et 227.

Q

Quentin (Saint-), ville du département de l'*Aisne*, p. 212 et 305.
Quincampoix, plaine située dans le département de l'*Aisne*, p. 297, 298 et 299.

R

Ratisbonne, ville libre d'Allemagne, p. 116 et 124.
Reims, ville de France, p. 281.
Rhin (le), fleuve d'Allemagne, p. 11, 13, 16 et 27.
Ried. petite ville d'Allemagne, p. 124.
Riga, grande ville de Russie sur la Dwina, p. 188.
Rugen (l'île de), sur la Baltique, dans la Poméranie suédoise, p. 96, 103 et 105.

S

Saalfeld, petite ville de la Thuringe, p. 30.
Salines (les défilés des), en Thuringe, p. 32.
Schnist, bourg de la Poméranie suédoise, p. 99.
Seminskoe, village russe, p. 200.
Semlewo, village russe, p. 242.

SERPEISK, ville russe, p. 239.

SMOLENSK, ville de la Pologne russe, sur le Dniéper, p. 188, 190, 191, 194, 198, 239, 240, 242, 245, 247 et 248.

SOISSONS, belle ville du département de l'*Aisne*, p. 11, 294, 299, 300 et 313.

SPANDAU, ville forte de Prusse, p. 90.

STETTIN, ville forte de la Poméranie prussienne, sur l'Oder, p. 87, 89, 96, 101 et 103.

STOCKACH, petite ville de Wurtemberg, p. 16.

STOLBERG, ville de Saxe, p. 282.

STRALSUND, ville forte de la Poméranie suédoise, p. 99, 105, 106, 107, 108, 109, 111 et 112.

STRASBOURG, ville forte de France, département du *Bas-Rhin*, p. 16 et 183.

STYRIE, province d'Autriche, p. 127.

T

THANN, village près de Ratisbonne, p. 117, 118 et 119.

THORN, ville de Pologne sur la Vistule, p. 186.

TILSIT, ville de Prusse, sur le Niémen, p. 72, 73, 74, 187, 277 et 278.

TINDORF, petite ville d'Allemagne, p. 15.

TOUR-CARRÉE (la), position près de Wagram, p. 168, 171, 172 et 173.

TOULON, port célèbre du département du *Var*, p. 16, 286, 288, 289, 290 et 310.

TWER, ville de Russie, p. 221.

U

UCKER-MARK (l'), province de Prusse, p. 87, 89 et 90.
UKRAINE (l'), contrée d'Europe appartenant aux Russes, p. 75, 188, 215, 223 et 225.
ULM, ville forte de Bavière, p. 24.

V

VALUTINA-GORA, village près de Smolensk, p. 191.
VARSOVIE, capitale de la Pologne, p. 39, 186 et 246.
VIENNE, capitale de l'Autriche, p. 24, 123, 124, 126, 127, 128, 131, 140, 148, 151, 182, 183 et 274.
VILLEJUIF, village près Paris, p. 287.
VISTULE (la), fleuve de Pologne, p. 39 et 87.

W

WAGRAM, ville de la basse Autriche, célèbre par la bataille de ce nom, p. 170, 171, 177, 178, 179, 182 et 212.
WEISLAR, ville d'Allemagne, p. 15.
WESEL, ville sur le Rhin, p. 184.
WESELOWO, village russe, p. 242 et 254.
WESTERVALD (le), pays d'Allemagne, p. 15.
WESTPHALIE (royaume de), p. 184.
WIAZMA, ville russe, p. 239, 242 et 243.
WIEDEN, faubourg de Vienne, p. 125 et 126.

Wilia, rivière de Pologne, p. 187.
Wilna, capitale de la Lithuanie, p. 186, 187, 188, 198, 258, 260, 263, 272, 273, 275, 276 et 283.
Wilna (la), rivière de Pologne, p. 259.
Winkowo, village russe, p. 215 et 228.
Witepsk, ville de Lithuanie, p. 198, 243 et 249.
Wittertour, petite ville située sur le Rhin, p. 13.
Wladimir, village russe, p. 221.
Wop (le), fleuve de Russie, p. 243 et 244.
Woronowo, ville de Russie, p. 229.
Wurtemberg (le royaume de), p. 30.

Z

Znaim, ville de Moravie, p. 131 et 182

Paris. — Imprimerie L. Baudoin, 2, rue Christine.

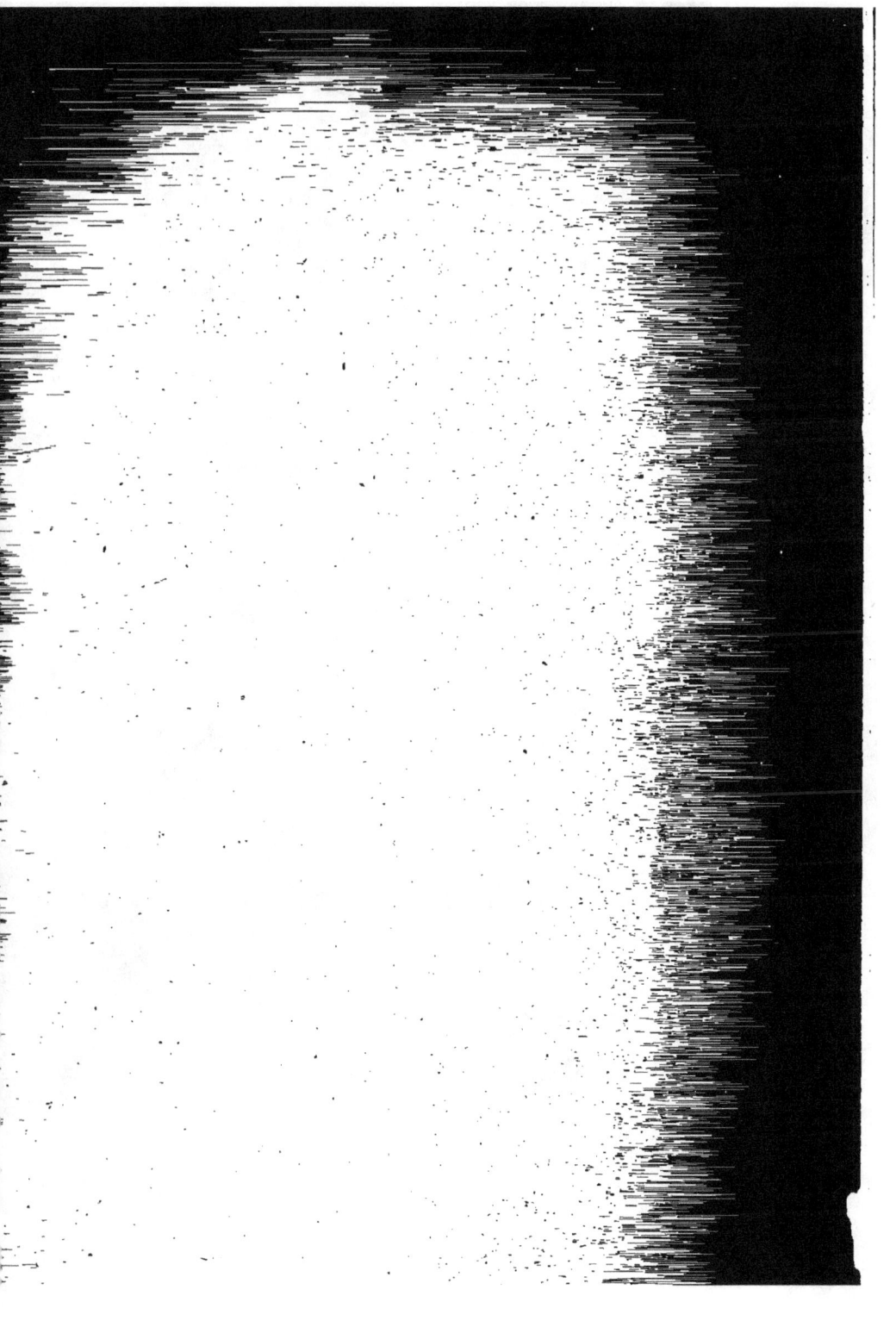

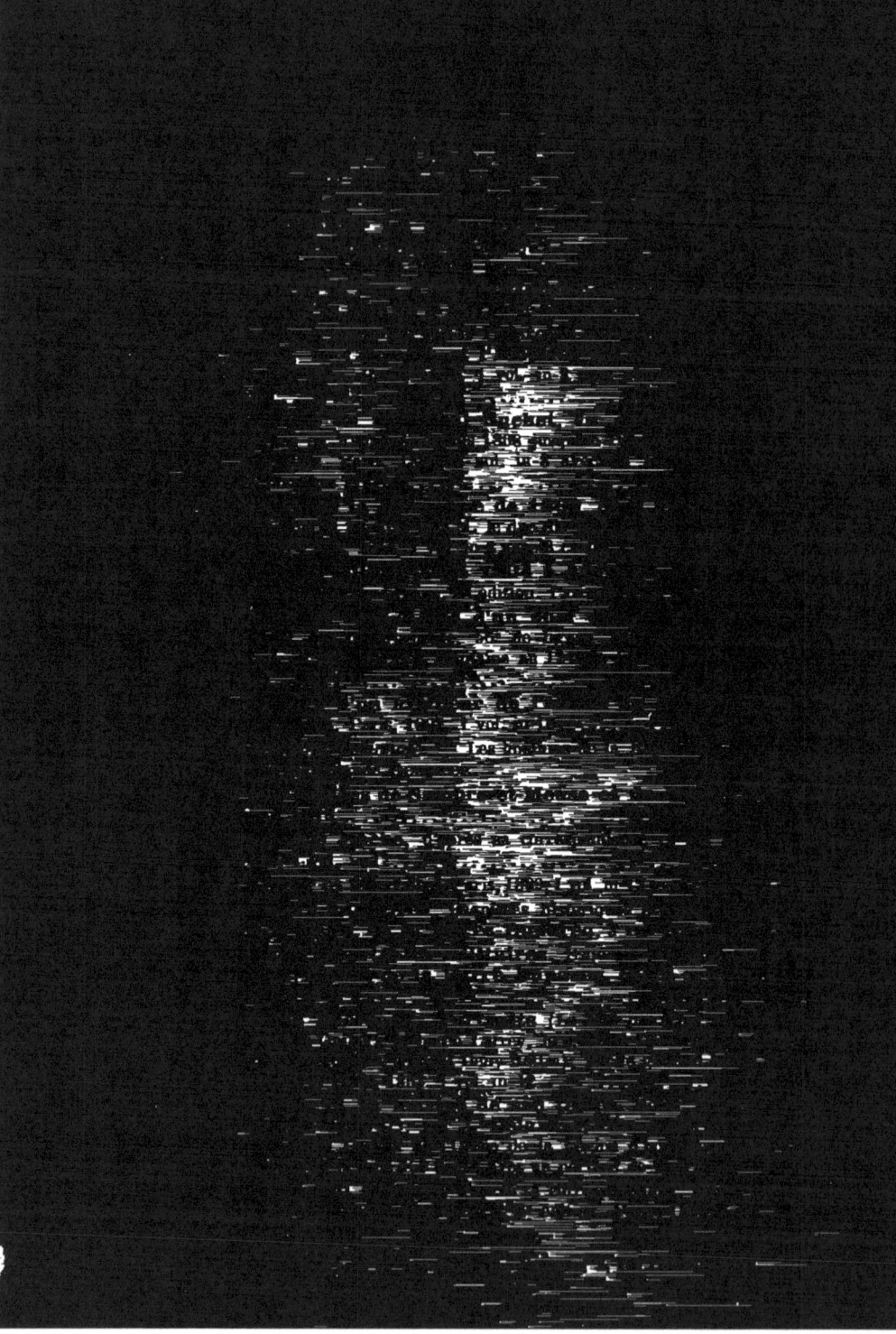

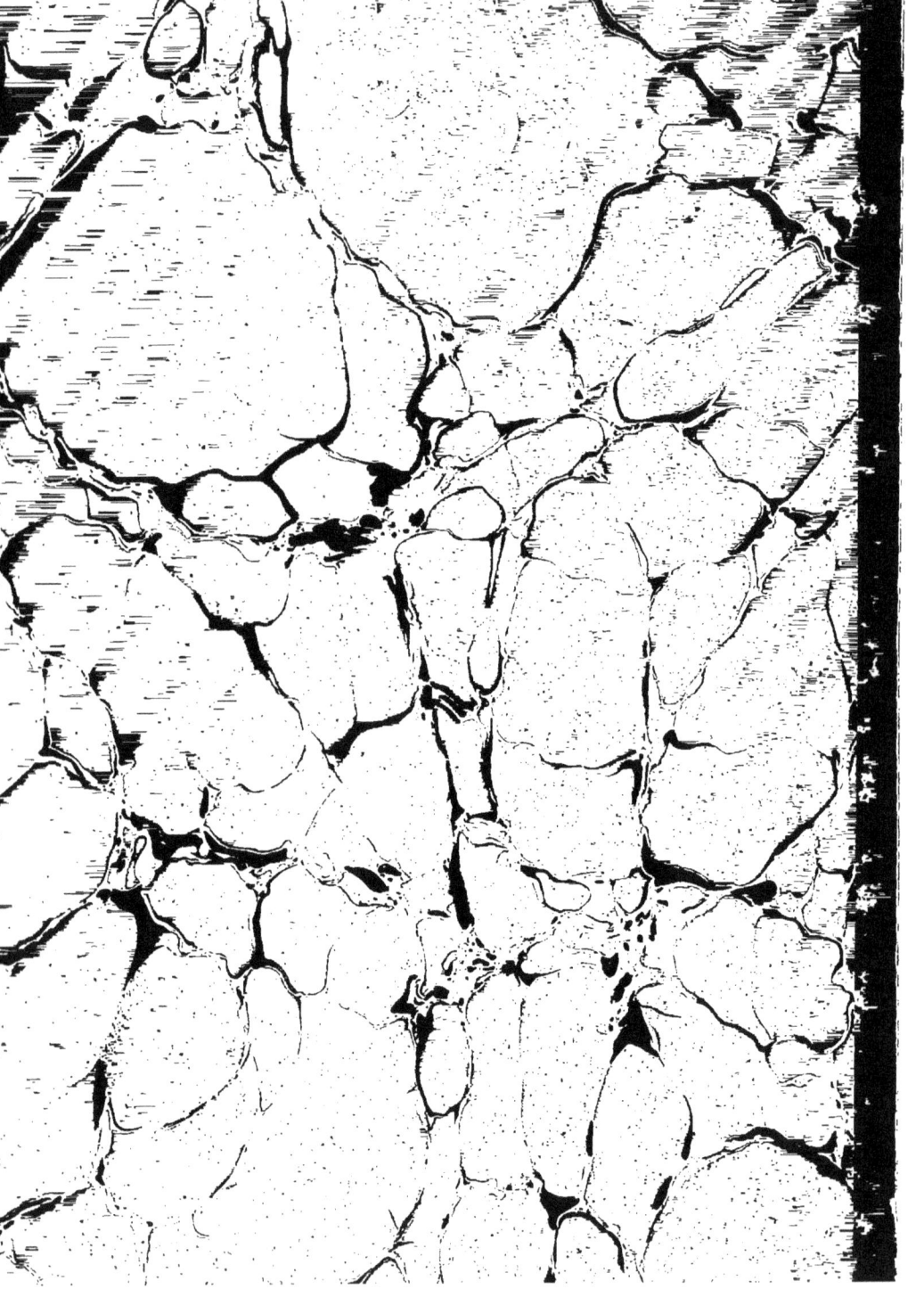

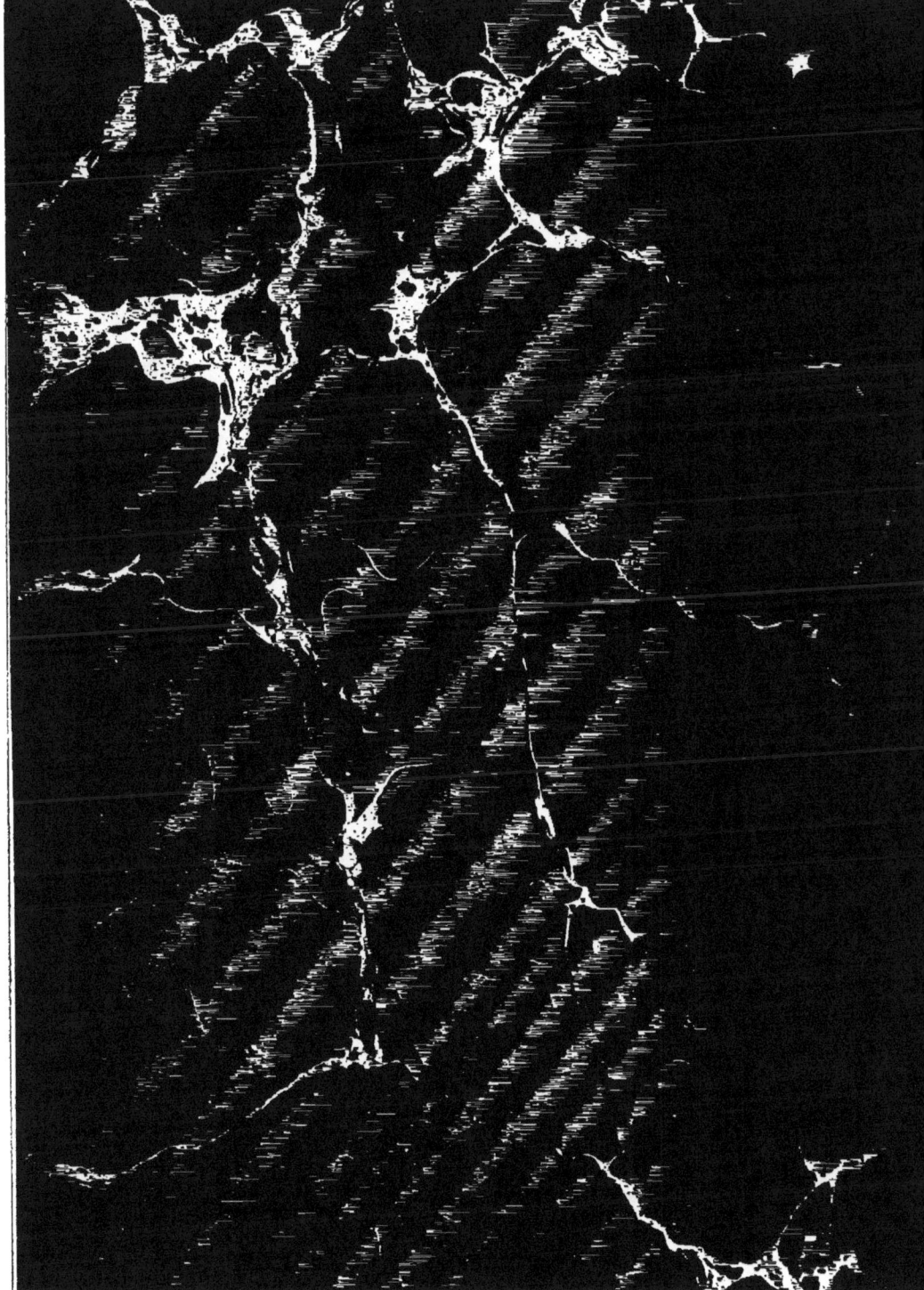

www.ingramcontent.com/pod-product-compliance
Lightning Source LLC
Chambersburg PA
CBHW050429170426
43201CB00008B/597